コミュニケーション

韓国語
読んで書こう I

長谷川由起子 著

白帝社

WEB上での音声無料ダウンロードサービスについて

■『コミュニケーション韓国語　読んで書こうⅠ』の音声ファイル (MP3) を無料でダウンロードできます。
　「白帝社　コミュニケーション韓国語　読んで書こうⅠ」で検索、または下記サイトにアクセスしてください。

　　　　　　　http://www.hakuteisha.co.jp/news/n33601.html

　　　・スマートフォンからアクセスする場合はQRコードを読み取ってください。

■ 本文中の 🔊 マークの箇所が音声ファイル(MP3)提供箇所です。
■ ファイルはZIP形式で圧縮された形でダウンロードされます。
■ ファイルは「すべて」と「各課」ごとに選んでダウンロードすることができます。

※パソコンやスマートフォン(別途解凍アプリが必要)などにダウンロードしてご利用ください。
　ご使用機器、音声再生ソフトに関する技術的なご質問は、各メーカーにお問い合わせください。
　本テキストと音声は著作権法で保護されています。

はじめて韓国語を学ぶ皆さんへ

　かつて日本と韓国は互いに「近くて遠い国」という言葉で表現されました。地理的には近いけれど、歴史的な経緯から心理的にはなかなか親近感を持てない、理解しあえる関係になれない、ということを言ったものです。しかし、近年、両国間の人的、文化的交流が飛躍的に進み、政治・外交的に様々な問題はあっても、民間レベルでは名実共に「いちばん近い国」になったと言えるでしょう。

　それにともない、皆さんが日常生活の中で韓国語に触れる機会も本当に増えました。学校でも職場でも、身近に韓国人がいるという人は多いでしょうし、主要駅や観光地には英語・中国語とともに必ずハングルの表記が添えられています。テレビでは毎日どこかのチャンネルで韓国関連の番組が放映され、時にはCMからも韓国語が聞こえてきます。

　そんな時、あの言葉が聞き取れたら、あの言葉で話せたら、あの文字が読めたら楽しいだろうなあと思った人は多いことでしょう。言語を学習する際、聞いたり話したりできるようになることは当然重要ですが、韓国語はハングルという独特の文字で表記されるため、この文字を読み書きできるようになることは、韓国語を聞いたり話したりできるようになるためにもとても重要です。ハングルで読み書きができると新たな世界が広がり、皆さんの人生に新たな楽しみや可能性をもたらしてくれることでしょう。

　本書の目標は、まずハングル文字を読んだり書いたりできるようになること、次に簡単な文を自力で読み解き、理解できるようになること、そして自分自身のことを韓国語の文で書き、これを適切な発音で読み上げられるようになることにあります。本書を学習し終えた後のあなた自身の姿を思い描きながら学習に取り組んでください。

2013年1月

著者

文字と発音

第1課　韓国語とハングルについて …………………………………………………… 3

第2課　ハングルの「あいうえお」── 基本的な母音字母とその発音 …………… 8
　　　　ㅏ・ㅓ・ㅗ・ㅜ・ㅡ・ㅣ・ㅔ・ㅐ

第3課　ハングルの「あかさたな」Ⅰ── 基本的な子音字母とその発音Ⅰ ………… 10
　　　　ㄱ・ㄴ・ㄷ・ㄹ・ㅁ

第4課　ハングルの「あかさたな」Ⅱ── 基本的な子音字母とその発音Ⅱ ………… 12
　　　　ㅂ・ㅅ・ㅇ・ㅈ・ㅎ

第5課　ハングルの濁り音 ── 無声子音の有声音化 ………………………………… 18
　　　　ㄱ・ㄷ・ㅂ・ㅈ

第6課　ハングルの「や行」── 発展形の母音字母とその発音Ⅰ ………………… 20
　　　　ㅑ・ㅕ・ㅛ・ㅠ・ㅖ・ㅒ

第7課　激しい「か」と硬い「か」── 発展形の子音字母とその発音(激音と濃音) …… 24
　　　　ㅋ・ㅌ・ㅍ・ㅊ　ㄲ・ㄸ・ㅃ・ㅉ・ㅆ

第8課　ハングルの「わ行」── 発展形の母音字母とその発音Ⅱ ………………… 28
　　　　ㅘ・ㅝ・ㅙ・ㅞ・ㅚ・ㅟ・ㅢ

第9課　ハングルの「ん」と「っ」── パッチムとその発音 ……………………… 30
　　　　ㅁ・ㄴ・ㅇ・ㄹ・ㅂ・ㄷ・ㄱの終声

第10課　発音のルール ……………………………………………………………………… 36
　　　　1. パッチムがスライド(連音)　2.「ㅎ」と「ㄱ・ㄷ・ㅂ・ㅈ」の一体化(激音化)
　　　　3.「ㅎ」の弱音化　4.「ㄴ」の[ㄹ]化(流音化)
　　　　5. 消えるパッチムの響くパッチム化(鼻音化)　6. [ㄴ]挿入

文と文法

第11課　国際文化学部の1年生です ── 自己紹介I(名前と所属)······44
  1. 一人称代名詞　　2. 学年(학년)　　3. ～입니다　～です
  4. 主題を表す助詞　～는/은　～は
  5. 名前紹介表現　～라고/이라고 합니다　～といいます、～と申します

第12課　趣味は音楽を聞くことです ── 自己紹介II(年齢と趣味)······50
  1. 生まれ年(생년)　　2. 年齢(나이)　　3. -는 것 (する)こと　좋아하는～ 好きな～
  4. アルファベット(알파벳)と外来語(외래어)

第13課　我が家は4人家族です ── 家族紹介······56
  1. 固有語数詞と単位名詞
  2. 有無を表す表現　있습니다 います、あります　없습니다 いません、ありません
  3. 主語を表す助詞　～가/이　～が　　4. 場所・時などを表す助詞　～에　～に
  5. 添加を表す助詞　～도　～も

第14課　学校の近くにはコンビニもあります ── 学校紹介······64
  1. 用言の語幹と語尾　　2. 丁寧の語尾　-ㅂ니다/습니다　(し)ます、(い)です
  3. 並列の接続語尾　-고　(く)て,(する)し　4. 逆接の接続語尾　-지만　(する)けれど,(い)けれど

第15課　スーパーでアルバイトをしています ── 日常生活を語る······72
  1. 対象を表す助詞　～를/을　～を　2. 場所を表す助詞　～에서　～で
  3. 手段を表す助詞　～로/으로　～で　4. 限定を表す助詞　～만　～だけ

第16課　冷麺はあまり好きではありません ── 好き嫌いを語る······80
  1. 羅列を表す助詞　～와/과　～と
  2. 好み表現　～를/을 좋아하다　～を好む、～が好きだ
  3. 否定表現　-지 않다 (し)ない、(く)ない　4. 比較の基準を表す助詞　～보다　～より

第17課　昨日、友人たちがうちに遊びに来ました ── 身近なでき事を語る······87
  1. 하다用言・陽語幹用言・陰語幹用言　　2. 過去形
  3. 行き来の目的を表す接続語尾　-러/으러　(し)に

第18課　肌にいい化粧品を買いました ── 旅行経験を語る……………96
　1. 期間・範囲を表す助詞　〜부터　〜까지　〜から〜まで　　2. 現在連体形
　3. 否定の副詞　안−　−ない　4. 予想以下であることを表す助詞　〜밖에　〜しか

第19課　キムチチゲなんかはあまり食べられません ── 好き嫌いの理由…………104
　1. 不可能の副詞　못−　−できない
　2. 原因・先行動作を表す接続語尾　-여서/아서/어서　(し)て, (し)たので
　3. ㅂ変則用言

第20課　卒業したら中学の先生になりたいです ── 将来の目標を語る……………110
　1. 希望表現　-고 싶다　(し)たい　　2. 進行表現　-고 있다　(し)ている
　3. 転成表現　〜가/이 되다　〜になる　　4. 関連付けの助詞　〜의　〜の
　5. 条件を表す接続語尾　-면/으면　(す)れば, (し)たら

学習のポイントのまとめ………………………………………………………………118
単語リスト(韓国語→日本語)……………………………………………………126
単語リスト(日本語→韓国語)……………………………………………………139

記号の説明

🌀 カッコについて
- (　)内には但し書きや注釈を記した。
- [　]内には、発音の変化が起こるもののうち、特に注意すべき場合にこれを記した。部分的に発音表記を省略する場合は省略部分を「−」で表した。
- 〈　〉内には、その語の全部または一部が漢字で書き表せる場合に、その漢字を記した。漢字は韓国漢字(日本でいう旧漢字)である。漢字で表せない部分は「−」で表した。また、〈　〉内の表記が日本語の意味表記と同じである場合には〈　〉のみ付した。
- その語の全部または一部が外来語である場合は〈　〉内にもとの外国語の綴りを記した。
- {　}内には、文法的な意味・用法を簡略に記した。

本書の特徴－指導される先生方へ－ ································ vi
発音記号の対応表 ·· vii
授業中の言葉 ··· viii
「文と文法」で使用する記号の説明 ································ 42

決まり文句
出会った時は ·· 2
別れる時は ·· 7
感謝する時は ··· 17
謝る時は ··· 23

ハングルによる日本語表記法
ハングルで日本語を書くⅠ ····································· 15
ハングルで日本語を書くⅡ ····································· 19
ハングルで日本語を書くⅢ ····································· 22
ハングルで日本語を書くⅣ ····································· 27
ハングルで日本語を書くⅤ ····································· 34

参考
ハングル字母の形の由来 ······································· 16
字母の名称/字母の配列 ·· 35
人の呼び方 ··· 40
漢字音 ··· 49

コラム
数を覚えよう(漢字語数詞) ····································· 31
曜日を覚えよう ··· 37
日付を覚えよう ··· 39

絵で覚える単語帳
① 家族・身近な人たち ·· 41
② 趣味 ·· 55
③ 職業Ⅰ ·· 62
④ 場所 ·· 63
⑤ 形容する言葉Ⅰ ·· 70
⑥ 日常の動作Ⅰ ·· 71
⑦ 交通手段 ·· 78
⑧ 韓国料理 ·· 79
⑨ 食べ物・飲み物 ·· 86
⑩ 日常の動作Ⅱ ·· 94
⑪ 形容する言葉Ⅱ ·· 95
⑫ 休暇と自然 ··· 103
⑬ 形容する言葉Ⅲ(ㅂ変則形容詞) ····························· 109
⑭ 職業Ⅱ ··· 116
⑮ 業界 ··· 117

本書の特徴
―指導される先生方へ―

1. 本書は韓国語を「読む・書く」ことを中心に学習を展開する教材で、2004年に発行された同名書の改訂版です。本書でいう「読む」は「文字を適切に発音する」ことと「文の内容を理解する」ことを、「書く」は「文字を適切に書く」ことと「学習者が自分自身のことについて文字で表現する」ことを意味し、本書の目標は学習した範囲に相当する簡単な韓国語で書かれた文章を読んで理解でき、簡単な韓国語の文章で学習者自身について表現できるようになることです。

   ※「聞く・話す」を中心に学習を展開する際は、本書の姉妹書『コミュニケーション韓国語 聞いて話そうI』をご利用ください。本書と姉妹書を1つのコースの中で並行して学習したり、一方を前期で他方を後期で学習してもよいですし、どちらか一方を授業で使用し、他方を自習用教材として指定してもよいでしょう。

2. 本書は大学の外国語科目の授業で使用することを想定しています。本書の配列に従って授業を行った場合、週2回の授業で、速ければ1学期、ゆっくり進めば1学期半程度、週1回の授業であれば1年〜1年半に相当する内容となっています。

3. 本書は、初級学習者の「文字が覚えられない」「発音が難しい」という悩みに応えるため「**文字と発音**」編は文字の学習をゆっくり丁寧に行えるよう構成し、発音記号は国際音声記号の「ɯ, ʧ, ʔk」など馴染みの薄い記号を廃して、本書独自の「ʉ, ch, ᵏk」のようなローマ字ミックス記号を使用しています。また、現代の韓国の若年層では音韻としての対立が失われている/ㅐ/と/ㅔ/の発音記号は同じ[e]で表すことにしました。ハングルにカナをふることは極力避けたほうがよいのですが、どうしても必要な場合は適切なカナ表記を使用できるよう、カナ表記も一部に示しています。国際音声記号との対応関係は、次のページをご覧ください。

4. 「**文と文法**」編では、主な助詞と指定詞文、합니다形語尾、指導と理解が比較的容易な接続語尾、過去形、現在連体形、希望表現など、文を書くために必要な最も基本となる文法事項と、学習者にとって最も身近な事柄を表現する語彙を中心に扱っています。面接などの際の韓国語による自己アピール、大学間交流時のあいさつや地域・学校紹介などにおいて実際に活用できる文章を綴れるようになることを目標としています。対象となる学習者にとって不要と判断されるものは省き、不足しているものは適宜加えながらご指導ください。

発音記号の対応表

本書の発音表記には、国際音声記号に準拠した一般的な発音記号とは異なる、独自の「ローマ字ミックス記号」および「カナ表記」を用いています。

子音

字母	国際音声記号 初声 語頭	国際音声記号 初声 語中	国際音声記号 終声	本書記号 ローマ字ミックス 初声 語頭	本書記号 ローマ字ミックス 初声 語中	本書記号 ローマ字ミックス 終声	本書記号 カナ 初声 語頭	本書記号 カナ 初声 語中	本書記号 カナ 終声
ㄱ	k	g	k	k	g	k	カ行	ガ行	ク
ㄴ	n	n		n	n		ナ行	ナ行	ン
ㄷ	t	d	t	t	d	t	タ行	ダ行	ッ
ㄹ	r	r	l	r	r	l	ラ行	ラ行	ル
ㅁ	m	m		m	m		マ行	マ行	ム
ㅂ	p	b	p	p	b	p	パ行	バ行	プ
ㅅ	s, ʃ	s, ʃ	t	s, sh	s, sh	t	サ行	サ行	ッ
ㅇ	-	-	ŋ	-	-	ŋ	-	-	ン
ㅈ	tʃ	dʒ	t	ch	j	t	チャ行	ヂャ行	ッ
ㅎ	h	h	t	h	h	t	ハ行	ハ行	ッ
ㅋ	kʰ	kʰ	k	kʰ	kʰ	k	カ行	カ行	ク
ㅌ	tʰ	tʰ	t	tʰ	tʰ	t	タ行	タ行	ッ
ㅍ	pʰ	pʰ	p	pʰ	pʰ	p	パ行	パ行	プ
ㅊ	tʃʰ	tʃʰ	t	chʰ	chʰ	t	チャ行	チャ行	ッ
ㄲ	ʔk	ʔk	k	ᵏk	ᵏk	k	ッカ行	ッカ行	ク
ㄸ	ʔt	ʔt		ᵗt	ᵗt		ッタ行	ッタ行	
ㅃ	ʔp	ʔp		ᵖp	ᵖp		ッパ行	ッパ行	
ㅉ	ʔtʃ	ʔtʃ		ᵗch	ᵗch		ッチャ行	ッチャ行	
ㅆ	ʔs	ʔs	t	ˢs	ˢs	t	ッサ行	ッサ行	ッ

母音

字母	国際音声記号	本書記号 ローマ字ミックス	本書記号 カナ
ㅏ	a	a	ア
ㅓ	ɔ	ɔ	オ
ㅗ	o	o	オ
ㅜ	u	u	ウ
ㅡ	ɯ	ɯ	ウ
ㅣ	i	i	イ
ㅐ	ɛ	e	エ
ㅔ	e	e	エ
ㅑ	ja	ya	ヤ
ㅕ	jɔ	yɔ	ヨ
ㅛ	jo	yo	ヨ
ㅠ	ju	yu	ユ
ㅒ	jɛ	ye	イェ
ㅖ	je	ye	イェ
ㅘ	wa	wa	ワ
ㅝ	wɔ	wɔ	ウォ
ㅚ	we	we	ウェ
ㅟ	wi	wi	ウィ
ㅙ	wɛ	we	ウェ
ㅞ	we	we	ウェ
ㅢ	ɯi	ɯi	ウイ

  授業中の言葉

그럼 시작하겠습니다. クロム シジャッカゲッスムニダ	では始めます。
잘 들으세요. チャル トゥルセヨ	よく聞いてください。
따라 하세요. ッタラ ハセヨ	ついて言ってください。
다 같이. ターガッチ	みんな一緒に。
시작! シージャク	せーの!
하나 둘 셋. ハナ ドゥル セッ	いちにのさん。
다시. タシ	もう一度。
좋아요. チョアヨ	いいですよ。
아니에요. アニエヨ	いいえ。違います。
여기 보세요. ヨギ ボセヨ	ここ見てください。
숙제입니다. スクチェイムニダ	宿題です。
오늘은 이만 마치겠습니다. オヌルン イマン マチゲッスムニダ	今日はこれで終わります。

文字と発音

決まり文句 ①

出会った時は…

선생님,
ソンセンニム
先生、
안녕하십니까?
アンニョンハ シム ニ カ
おはようございます。

네, 안녕하세요?
ネー アンニョンハ セ ヨ
あ、 おはようございます。

안녕!
アンニョン
おはよう。

응, 안녕!
ウン アンニョン
あ、 おはよう。

　「선생」は漢字で書くと「先生」、「님」は「様」という意味です。韓国語では尊称に必ず「님」を付けます。「안녕」は漢字で書くと「安寧」。「안녕하십니까?」「안녕하세요?」は直訳すると「お元気ですか」の意味で、時間帯に関係なく使えます。前者の方がよりかしこまった言い方、友だち同士の間ではこれを略して「안녕!」と言います。
　「네」は日本語の「はい、ええ」に、「응」は「うん」にあたります。

第1課　韓国語とハングルについて

◗「韓国語」と「朝鮮語」

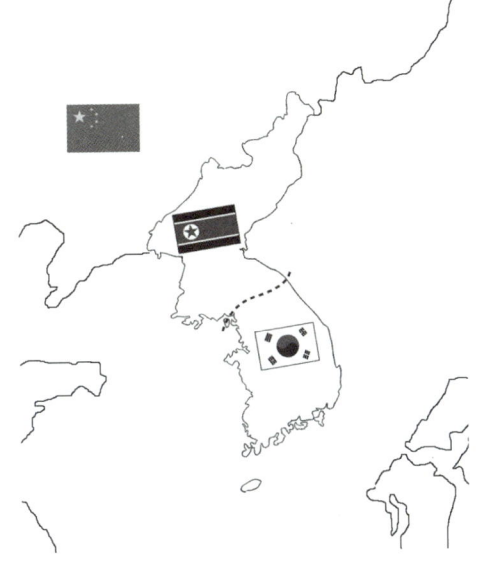

　日本では一般に、日本列島の西隣にある半島を「朝鮮半島」と呼んでおり、その南半部を「韓国(大韓民国)」、北半部を「北朝鮮(朝鮮民主主義人民共和国)」と考えています。また、言語については、その歴史を含めて総体的に指す場合は「朝鮮語」と呼び、現代の「韓国」の言語に限る場合に「韓国語」と呼ぶのが一般的な慣例です。

　しかし、「韓国」ではこの半島を「韓半島」と呼び、半島全域を「大韓民国」と考えており、「北朝鮮」では半島を「朝鮮半島」と呼び、全域を「朝鮮民主主義人民共和国」と促えています。従って、半島全域で用いられている言語をそれぞれに「韓国語」「朝鮮語」と呼んでいます。

　このように、同じ対象が異なった名称で呼ばれたり、異なった受け取り方をされることがあるため注意が必要です。また、これ以外にも、日本ではこの言語を「韓国・朝鮮語」とか「コリア語」「ハングル」などと呼ぶ場合もありますが、「ハングル」というのは文字の名前であって、言語の名前ではないので、これもまた気をつけてください。

　では、南北の言語には違いはあるのでしょうか。実際に両地域で用いられている言語には、もともと地域ごとの方言があるうえ、南北に分断されてから約70年が経つ間に生じた差、例えば社会体制や国語政策の違いによる表現の違いや表記法の違いなど、目に見える違いも数多く存在します。そのため、南北の人が出会って話した場合、知らない単語や表現があって多少の違和感はあるようですが、かといって通駅を必要とするほどではありません。つまり、言語としてはまぎれもなく一つの言語なのです。

立場	半島名	言語名	国名略称
日本	朝鮮半島	韓国語、朝鮮語、コリア語など	韓国/北朝鮮
大韓民国	韓半島	韓国語	韓国(南韓)/北韓
朝鮮民主主義人民共和国	朝鮮半島	朝鮮語	南朝鮮/朝鮮、共和国

ハングルの誕生

「ハングル(한글)」とは、現在、韓国語を書き表すのに用いられている文字の名前です。日本語や中国語をローマ字で書き表すことができるように、韓国語もローマ字で書き表すことはできますが、韓国語を書き表すには「ハングル」が最も適していると言えます。

「ハングル」という文字は、作られた時期や目的がはっきりしているという点で、世界でも稀な文字です。ローマ字にしても漢字にしても、また平仮名や片仮名にしても、文字というものは、何百年から何千年もかかって、多くの人の手を経る中で徐々に文字として確立されてくるのが一般的なのですが、「ハングル」は、15世紀前半に当時の国王の手によって創製されたという記録が残っているのです。

15世紀以前、朝鮮では日本の仮名のような表記手段があまり発達せず、文書は基本的に漢字のみを使って書き表していました。しかし、中国語を表記するために作られた漢字で朝鮮語を表記するには無理があったうえ、漢字を覚えて使いこなすには大変な労力が要るため、文字は一部の特権階級の占有物でした。つまり、一般民衆にとっては文字がないも同然だったのです。これを憂えた朝鮮王朝四代目の王セジョン(세종〈世宗〉)が自ら先頭に立って、朝鮮語を書き表すのに適し、なおかつ覚えやすい表音文字を創製したのです。この文字の創製当時の正式名称は「訓民正音」と言いました。

セジョン(世宗)大王

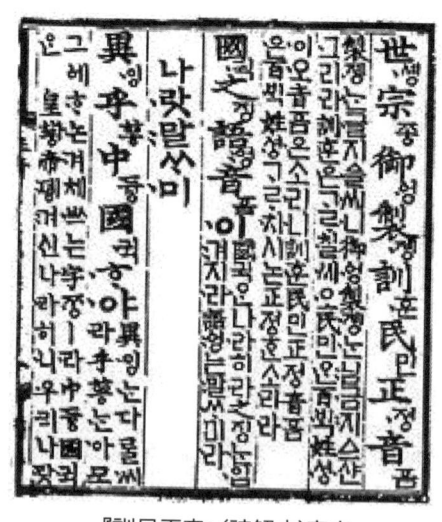
『訓民正音』(諺解本)序文

韓国語のしくみ

韓国語は文法的に日本語とよく似ていると言われます。次の例では意味が対応するところを同じ囲みや下線で示しているので、英語や中国語とも比べながら、それぞれの言語間の共通点と相違点について考えてみましょう。

韓国語
　　나는　테니스　연습　때문에　토요일에도　학교에　　간다.
　　［ナヌン　テニス　ヨンスプ ッテムネ　トヨイレド　ハッキョエ　カンダ］

日本語
　　僕はテニスの練習のため、土曜日にも学校に行く。

英語
　　I go to my school on Saturdays, too, in order to practic playing tennis.

中国語
　　因为　练习　网球，　所以　我　星期六　也　去　学校。
　　Yīnwèi liànxí wǎngqiú suǒyǐ wǒ xīngqīliù yě qù xuéxiào

韓国語の文はハングルのみで書き表すのが原則ですが、多くの単語が漢字に由来する言葉（このような単語を「漢字語」という）なので、これらを漢字で書きき、ハングル・漢字混じり文で書き表すこともできます。

　　나는 테니스 練習 때문에 土曜日에도 學校에 간다.

また、韓国語と日本語には、それぞれ上の文に対応する丁寧な表現が存在します。

韓国語
　　저는　　테니스　연습　때문에　토요일에도　학교에　　갑니다.
　　［チョヌン　テニス　ヨンスプ ッテムネ　トヨイレド　ハッキョエ　カムニダ］

日本語
　　私はテニスの練習のため、土曜日にも学校に行きます。

🌀 ハングルのしくみ

ハングルという文字は、ローマ字のように子音や母音を表すパーツを、漢字の偏(へん)と旁(つくり)のように組み合わせて1文字として書き表わします。

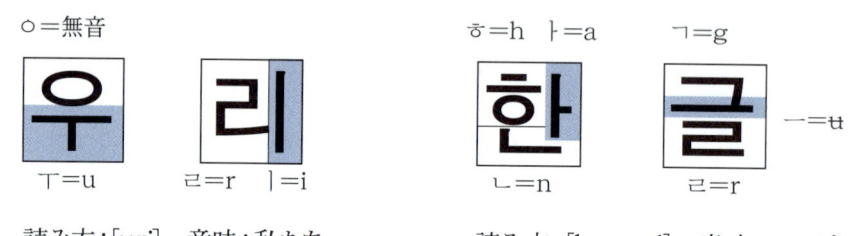

読み方：[uri]　意味：私たち　　　読み方：[hangɯl]　意味：ハングル

文字を形作っている1つ1つのパーツのことを「字母」といい、字母は「子音字母(白枠部分)」と「母音字母(あみかけ部分)」に分けられます。

子音字母は全部で19、母音字母は21ありますが、最も基本となる字母は8つの母音字母と10の子音字母ですから、まずこれらをしっかり覚えましょう。残りは基本となる字母を組み合わせたり変形させた発展形の字母です。

第1課　韓国語とハングルについて

決まり文句 ②

004

別れる時は…

안녕히 가세요.
アンニョンイ ガセヨ
さようなら。(お気をつけて)

네, 안녕히 계세요.
ネー アンニョンイ ゲセヨ
ええ、さようなら。(お元気で)

안녕!
アンニョン
バイバイ。

응, 잘 가.
ウン チャル ガ
ウン、バイバイ。

「안녕히」は「ご無事で」の意味、「가세요」は「お行きください」、「계세요」は「いらしてください」という意味です。友だち同士の間では略して「안녕」、または「잘 가(気を付けて帰ってね。)」と言います。

第1課　韓国語とハングルについて

 第2課　ハングルの「あいうえお」

🔊 005 🌙 基本的な母音字母

最も基本的な母音字母から覚えましょう。日本語の「あいうえお」にあたる単母音の字母です。

①	②	③	④	⑤	⑥	⑦	⑧
ㅏ	ㅓ	ㅗ	ㅜ	ㅡ	ㅣ	ㅐ	ㅔ
[a, ア]	[ɔ, オ]	[o, オ]	[u, ウ]	[ɯ, ウ]	[i, イ]	[ɛ, エ]	[e, エ]

📢 発音

① ㅏ [a, ア]
日本語の「ア」と同じ発音。

② ㅓ [ɔ, オ]
唇を丸めず縦に広げて「オ」と発音。

③ ㅗ [o, オ]
唇を丸めて「オ」と発音。

④ ㅜ [u, ウ]
唇を丸めて「ウ」と発音。

⑤ ㅡ [ɯ, ウ]
唇を丸めずに「ウ」と発音。

⑥ ㅣ [i, イ]
日本語の「イ」と同じ発音。

⑦ ㅐ [ɛ, エ]
口をやや大きく開いてエ」と発音するのが正しいとされるが、普通は⑧と同じでよい。

⑧ ㅔ [e, エ]
日本語の「エ」と同じ発音。

✏️ ⑦と⑧の発音は同じで構いませんが、書く場合は綴りとして区別します。

📝 書き方

　文字として書く場合、縦長の母音字母なら左側に、横長の母音字母なら上に、無音を表す子音字母「ㅇ」を組み合わせて書きます。基本的な筆順は上から下へ、左から右へ、「ㅇ」は上から始まって時計と反対回りに書きます。

・縦長母音字母：ㅏ ㅓ ㅣ ㅐ ㅔ　　　　　　　　　・横長母音字母：ㅗ ㅜ ㅡ

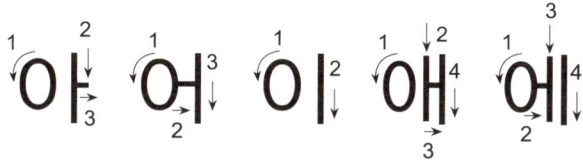

練習1 発音しながら1列ずつ書いてみましょう。　　　🔊 006

아	어	오	우	으	이	애	에

練習2 次の単語を発音し、2回ずつ書いてみましょう。　　　🔊 007

(1) 아이　
　子供

(2) 오이　
　キュウリ

(3) 에이　
　A

――――――――　　　――――――――　　　――――――――

練習3 日本語の「あいうえお」をハングルで書いてみましょう。

　　あ　　　い　　　う　　　え　　　お
　―――　―――　―――　―――　―――

第2課　ハングルの「あいうえお」

第3課　ハングルの「あかさたな」Ⅰ

🔊 008　🌑 基本的な子音字母とその発音Ⅰ

　第1課で習った文字の「ㅇ」の部分を他の子音字母と入れ替えると「ka」「to」のように発音される様々な文字となります。この課では基本的な10の子音字母のうち5つ子音字母を学びます。

①	②	③	④	⑤
ㄱ	ㄴ	ㄷ	ㄹ	ㅁ
[k]	[n]	[t]	[r]	[m]

📢 発音

① ㄱ[k] ＋ ㅏ[a] → 가[ka, カ]　　　ㄱ[k] ＋ ㅗ[o] → 고[ko, コ]
② ㄴ[n] ＋ ㅏ[a] → 나[na, ナ]　　　ㄴ[n] ＋ ㅗ[o] → 노[no, ノ]
③ ㄷ[t] ＋ ㅏ[a] → 다[ta, タ]　　　ㄷ[t] ＋ ㅗ[o] → 도[to, ト]
④ ㄹ[r] ＋ ㅏ[a] → 라[ra, ラ]　　　ㄹ[r] ＋ ㅗ[o] → 로[ro, ロ]
⑤ ㅁ[m] ＋ ㅏ[a] → 마[ma, マ]　　　ㅁ[m] ＋ ㅗ[o] → 모[mo, モ]

📝 書き方

　子音字母は、母音字母の左側にくる場合と上にくる場合とで形が微妙に違います。筆順は、上から下、左から右です。

・縦長母音字母：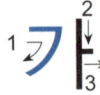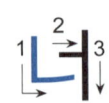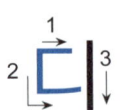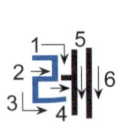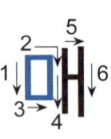

・横長母音字母：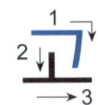

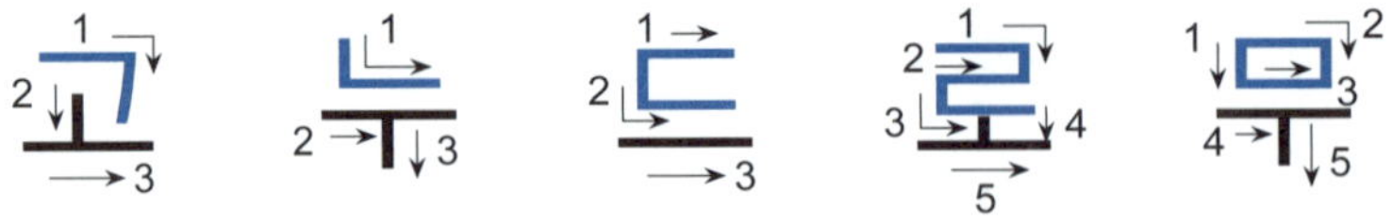

練習1 ● 発音しながら書いてみましょう。　　　　　　　　　　　　　　009

母音 子音	① ㅏ[a]	② ㅓ[ɔ]	③ ㅗ[o]	④ ㅜ[u]	⑤ ㅡ[ɯ]	⑥ ㅣ[i]	⑦ ㅐ[e]	⑧ ㅔ[e]
① ㄱ[k]								
② ㄴ[n]								
③ ㄷ[t]								
④ ㄹ[r]								
⑤ ㅁ[m]								

練習2 ● 次の単語を発音し、2回ずつ書いてみましょう。　　　　　　010

(1) 개　　　
　　犬

(2) 노래 歌　

(3) 다리　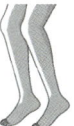
　　脚

_____　　_____　　_____

(4) 우리　
　私たち

(5) 누나　
　姉(←弟)

(6) 어머니　
　お母さん

_____　　_____　　_____

(7) 도로　
　〈道路〉

(8) 무리　
　〈無理〉

(9) 미래　
　〈未來〉

_____　　_____　　_____

11
십일
第3課　ハングルの「あかさたな」Ⅰ

第4課 ハングルの「あかさたな」Ⅱ

🔊 011 🌙 基本的な子音字母とその発音Ⅱ

　この課では基本的な10の子音字母のうち5つの子音字母を学びます。(「ㅇ」も子音字母のひとつです)

⑥	⑦	⑧	⑨	⑩
ㅂ	ㅅ	ㅇ	ㅈ	ㅎ
[p]	[s]	[-]	[ch]	[h]

📢 発音

⑥ ㅂ[p] ＋ ㅏ[a] → 바[pa, パ]　　ㅂ[p] ＋ ㅗ[o] → 보[po, ポ]
⑦ ㅅ[s] ＋ ㅏ[a] → 사[sa, サ]　　ㅅ[n] ＋ ㅗ[o] → 소[so, ソ]
⑧ ㅇ[-] ＋ ㅏ[a] → 아[a, ア]　　ㅇ[t] ＋ ㅗ[o] → 오[o, オ]
⑨ ㅈ[ch] ＋ ㅏ[a] → 자[cha, チャ]　　ㅈ[ch] ＋ ㅗ[o] → 조[cho, チョ]
⑩ ㅎ[h] ＋ ㅏ[a] → 하[ha, ハ]　　ㅎ[m] ＋ ㅗ[o] → 호[ho, ホ]

📝 書き方

　子音字母は、母音字母の左側にくるときと上にくるときで形が微妙に違います。筆順は、上から下、左から右です。

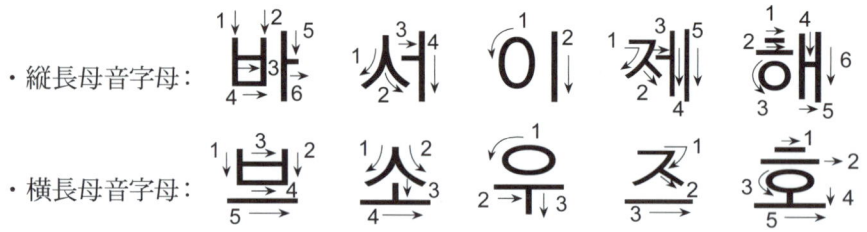

・縦長母音字母：
・横長母音字母：

　✏ ⑨「ㅈ」は、字体によっては「ㅈ」「ㅈ」のような形になる場合があります。

練習1 発音しながら書いてみましょう。　　　　　　　　　　　　　　　　　　🔊 012

子音＼母音	1 ㅏ[a]	2 ㅓ[ɔ]	3 ㅗ[o]	4 ㅜ[u]	5 ㅡ[ɯ]	6 ㅣ[i]	7 ㅐ[e]	8 ㅔ[e]
⑥ ㅂ [p]								
⑦ ㅅ [s]						*		
⑧ ㅇ [-]								
⑨ ㅈ [ch]								
⑩ ㅎ [h]								

＊「ㅅ」と「ㅣ」を組み合わせると、発音は[shi]となります。　　　　🔊 013

練習2 次の単語を発音し、2回ずつ書いてみましょう。

(1) 비　　　　
　　雨

(2) 소　　　　
　　牛

(3) 배　　　　
　　船

―――――――――――――――――――

(4) 버스　　　
　〈bus〉バス

(5) 주스　　　
　〈juice〉ジュース

(6) 하나　　　
　　ひとつ

―――――――――――――――――――

(7) 가수　　　
　〈歌手〉

(8) 도시　　　
　〈都市〉

(9) 지하　　　
　〈地下〉

―――――――――――――――――――

🔊 014 練習3 ● 基本的な10の子音字母と8つの母音字母を組み合わせて書き、発音してみましょう。

子音＼母音	1 ㅏ	2 ㅓ	3 ㅗ	4 ㅜ	5 ㅡ	6 ㅣ	7 ㅐ	8 ㅔ
① ㄱ								
② ㄴ								
③ ㄷ								
④ ㄹ								
⑤ ㅁ								
⑥ ㅂ								
⑦ ㅅ								
⑧ ㅇ								
⑨ ㅈ								
⑩ ㅎ								

십사
第4課　ハングルの「あかさたな」Ⅱ

ハングルで日本語を書くⅠ

練習 1 日本語の五十音図の一部をハングルで書いてみましょう。

あ行	아	이	우	에	오
か行					
さ行					
た行					
な行					
は行					
ま行					
ら行					

✎ 日本語の音にはハングルで正確に書き表せないものもあります。

練習 2 日本の地名をハングルで書いてみましょう。

(1) 奈良　　　　　(2) 三重　　　　　(3) 島根

(4) 愛媛　　　　　(5) 広島　　　　　(6) 青森

第4課　ハングルの「あかさたな」Ⅱ

 **ハングル字母の形の由来**

● 母音字母は「・」「—」「丨」の組み合わせでできています。「・」は「天」を、「—」は「地」を、「丨」は「人」を表しています。

● 子音字母は子音を発音する際の発音器官の形をかたどっています。

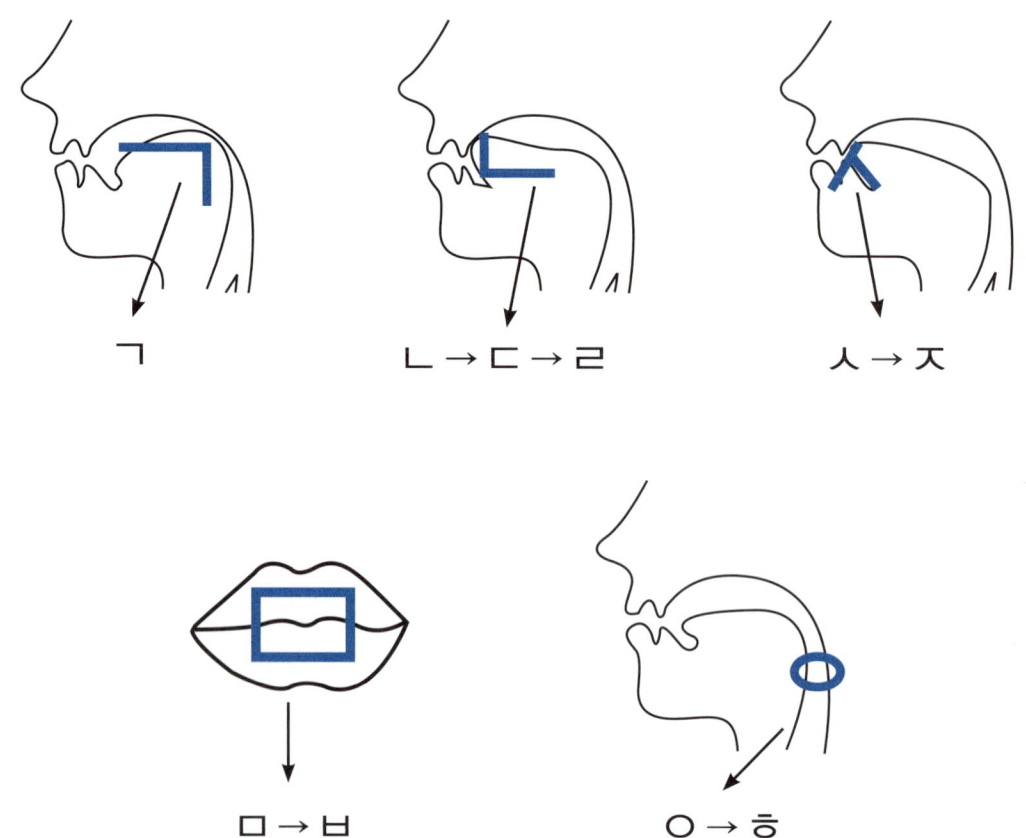

第4課　ハングルの「あかさたな」Ⅱ

決まり文句 ③

015

感謝する時は…

　「감사」を漢字で書くと「感謝」、「합니다」は「します」という意味で、「감사합니다」は改まった感謝の言葉です。「고마워요」は、より気軽な感謝の言葉です。「고맙습니다 ありがとうございます」という表現もあります。「아니에요」は、「いいえ、違います。そんなことはありません」にあたります。

第4課　ハングルの「あかさたな」Ⅱ

第5課　ハングルの濁り音

🔊 016　🌙 **無声子音の有声音化**

「ㄱ[k]・ㄷ[t]・ㅂ[p]・ㅈ[ch]」は単語の二文字目以降に現れると濁り音「ㄱ[g]・ㄷ[d]・ㅂ[b]・ㅈ[j]」になります。*

> ㄱ, ㄷ, ㅂ, ㅈは単語の2文字目以降で濁り音になる。
>
> | ㄱ | ㄷ | ㅂ | ㅈ | → | ㄱ | ㄷ | ㅂ | ㅈ |
> |---|---|---|---|---|---|---|---|---|
> | [k] | [t] | [p] | [ch] | | [g] | [d] | [b] | [j] |

저고리 チョゴリ
[chɔ・ko・ri] → [chɔgori]

✐「ㅎ[h]」と「ㅅ[s]」は濁りません。

🔊 017　**練習1**　次の単語を発音し、2回ずつ書いてみましょう。

(1) 누구　誰

(2) 지도　〈地圖〉

(3) 호주　〈濠洲〉 オーストラリア

(4) 드라이브 〈drive〉

(5) 비디오 〈video〉

(6) 아버지 お父さん

*正確には、母音や「ㄴ」「ㄹ」などの**有声音に挟まれると**「ㄱ・ㄷ・ㅂ・ㅈ」が有声音になるということです。

ハングルで日本語を書くⅡ

練習 1 日本語の濁音をハングルで書くとすればどの字を使えばいいでしょうか。2文字目以降に現れる濁音をハングルで書いてみましょう。（語頭の濁音はハングルで書き表せません。）

が行					
ざ行					
だ行					
ば行					

✐ 日本語の濁音にはハングルで正確に書き表せないものもあります。

練習 2 日本の地名をハングルで書いてみましょう。

(1) 滋賀　　　　　(2) 千葉　　　　　(3) 長野

(4) 神戸　　　　　(5) 鹿児島　　　　(6) 伊豆

第6課　ハングルの「や行」

🔊 018 🎧 **発展形の母音字母とその発音Ⅰ**

基本的な母音字母を形作る短い線を2本にすると、日本語の「や行」にあたる発音の字母となります。ハングルではこれらの字母も母音字母として扱います。

1	2	3	4	5	6
ㅏ	ㅓ	ㅗ	ㅜ	ㅐ	ㅔ
[a]	[ɔ]	[o]	[u]	[e]	[e]
↓	↓	↓	↓	↓	↓
ㅑ	ㅕ	ㅛ	ㅠ	ㅒ	ㅖ
[ya]	[yɔ]	[yo]	[yu]	[ye]	[ye]

📢 発音

ㄱ [k] + ㅑ [ya] → 갸 [kya]　　ㄱ [k] + ㅛ [yo] → 교 [kyo]

ㄴ [n] + ㅑ [ya] → 냐 [nya]　　ㄴ [n] + ㅛ [yo] → 뇨 [nyo]

ㄷ [t] + ㅑ [ya] → 댜 [tya]　　ㄷ [t] + ㅛ [yo] → 됴 [tyo]

ㅎ [h] + ㅑ [ya] → 햐 [hya]　　ㅎ [h] + ㅛ [yo] → 효 [hyo]

✏️ 「ㅖ」「ㅒ」は子音と組み合わさると [ㅔ][ㅐ] と発音される傾向があります。

ㄱ [k] + ㅒ [ye] → 걔 [ke]　　　ㅎ [h] + ㅖ [ye] → 혜 [he]

練習1 発音しながら書いてみましょう。 🔊 019

子音＼母音	1 ㅑ[ya]	2 ㅕ[yɔ]	3 ㅛ[yo]	4 ㅠ[yu]	5 ㅖ[ye]
① ㄱ [k]					
② ㄹ [r]					
③ ㅅ [s]					
④ ㅎ [h]					

練習2 次の単語を発音し、2回ずつ書いてみましょう。 🔊 020

(1) 우유 〈牛乳〉

(2) 여자 〈女子〉 女、女性

(3) 요리 〈料理〉

(4) 교수 〈教授〉

(5) 뉴스 〈news〉

(6) 휴지 〈休紙〉ちり紙

(7) 교류 〈交流〉

(8) 시계 〈時計〉

(9) 지혜 〈知慧〉

第6課　ハングルの「や行」

ハングルで日本語を書くⅢ

練習 1 日本語の「や行」や拗音をハングルで書き表してみましょう。

や行					
きゃ行					
しゃ行					
ちゃ行					
にゃ行					
ひゃ行					
みゃ行					
りゃ行					

練習 2 日本の地名をハングルで書いてみましょう。

(1) 名古屋　　　　(2) 九州　　　　　　(3) 兵庫

✎「くう [kuː]」「そう [soː]」のような長音をそのままハングルで書けば「구우」「소오」となりますが、「구」「소」のように長音を書かなくて構いません。

第6課　ハングルの「や行」

決まり文句 ④　　021

謝まる時は…

죄송합니다.
チェーソンハムニダ
申し訳ありません。

괜찮아요.
クェンチャナヨ
大丈夫です。

미안해요.
ミアネヨ
ごめんなさい。

아니에요.
アニエヨ
いいえ。

　「죄송합니다　申し訳ありません」はかしこまって謝罪する表現、「미안해요　すみません」はちょっとしたことに謝る場合に使います。日本語と違って、人に呼びかける場合には使いません。「괜찮아요　大丈夫です」は「構いません」の意味でも使われ、語尾を上げると「大丈夫ですか」「構いませんか」という意味になります。

23
이십삼
第6課　ハングルの「や行」

第7課　激しい「か」と硬い「か」

🔊 022　☾ **発展形の子音字母とその発音（激音と濃音）**

🔊 023　韓国語の子音には柔らかく発音する**平音**「ㄱ・ㄷ・ㅂ・ㅅ・ㅈ」と、強い息を伴って発音する**激音**「ㅋ・ㅌ・ㅍ・ㅊ」、喉に力を入れ息が漏れないように発音する**濃音**「ㄲ・ㄸ・ㅃ・ㅆ・ㅉ」の3系列があります。

	①	②	③	④	⑤
平音	ㄱ [k/g]	ㄷ [t/d]	ㅂ [p/b]	ㅈ [ch/j]	ㅅ [s]
激音	ㅋ [kʰ]	ㅌ [tʰ]	ㅍ [pʰ]	ㅊ [chʰ]	
濃音	ㄲ [ˀk]	ㄸ [ˀt]	ㅃ [ˀp]	ㅉ [ˀch]	ㅆ [ˀs]

✐ 激音と濃音は単語の二文字目以降にきても 有声音化しません（濁りません）。

📢 **発音**

平音	激音	濃音
息を強く出さないよう、柔らかく発音する。	息を強く出しながら発音する。	発音の直前、喉に力を入れて息を出さないように発音する。直前に小さい「っ」を入れるような気持ちで。

練習1 発音しながら書いてみましょう。　　　　　　　　　　　　　024

子音＼母音	1 ㅏ	2 ㅓ	3 ㅗ	4 ㅜ	5 ㅡ	6 ㅣ
① ㅋ [kʰ]						
② ㅌ [tʰ]						
③ ㅍ [pʰ]						
④ ㅊ [chʰ]						

練習2 次の単語を発音し、2回ずつ書いてみましょう。　　　　　025

(1) 코　鼻

(2) 피　血

(3) 차　〈車〉

(4) 표 〈票〉　切符

(5) 치마　スカート

(6) 티셔츠　〈T-shirt〉

(7) 아파트 〈apart〉　マンション

(8) 스포츠 〈sport〉

(9) 스케이트 〈skate〉

第7課　激しい「か」と硬い「か」

🔊 026 練習3 発音しながら書いてみましょう。

子音＼母音	① ㅏ	② ㅓ	③ ㅗ	④ ㅜ	⑤ ㅡ	⑥ ㅣ
① ㄲ [ᵏk]						
② ㄸ [ᵗt]						
③ ㅃ [ᵖp]						
④ ㅉ [ᵗch]						
⑤ ㅆ [ˢs]						

🔊 027 練習4 次の単語を発音し、2回ずつ書いてみましょう。

(1) 깨
ゴマ

(2) 때
時

(3) 또
また

_____   _____   _____

(4) 아까
さっき

(5) 이따가
あとで

(6) 오빠
兄(←妹)

_____   _____   _____

(7) 찌개
チゲ鍋

(8) 비싸다
(値段が)高い

(9) 싸다
安い

_____   _____   _____

第7課　激しい「か」と硬い「か」

練習5　平音・激音・濃音の違いに注意して発音してみましょう。　🔊 028

(1) a. 비　　　　　　　　b. 피　　　　　　　　c. 삐*
　　 雨　　　　　　　　　 血　　　　　　　　　 B

(2) a. 아바　　　　　　　b. 아파　　　　　　　c. 아빠
　　 abba　　　　　　　　 痛い　　　　　　　　 パパ

(3) a. 자다　　　　　　　b. 차다　　　　　　　c. 짜다
　　 寝る　　　　　　　　 冷たい　　　　　　　 塩辛い

(4) 까치　　　　　　　　(5) 토끼　　　　　　　(6) 코끼리
　　カササギ　　　　　　　　ウサギ　　　　　　　　ゾウ

＊正しくは「비」と表記するが、[삐]と発音されることが多い。

☕ ハングルで日本語を書くIV

●日本語の清音と濁音

　「中谷」という名前をハングルで書く場合、「나가타니」と書くと「ナガダニ」と濁ってしまいます。このような濁り音にならないよう、語中の清音は激音で「나카타니」のように書き表します。語頭の濁音は「後藤 고토」のように平音で書く以外にありません。

●日本語の「つ」と「ざじずぜぞ」

　ハングルには「つ」と「ざ・ず・ぜ・ぞ」にあたる発音の文字がないため、「쓰(または츠, 쯔)」と「자・즈・제・죠」で代用します。また、「す」も「스」と表記します。

練習　日本の地名をハングルで書いてみましょう。

1. 函館　　　　　　2. 秋田　　　　　　3. 山口

4. 静岡　　　　　　5. 松山　　　　　　6. 東京

第8課 ハングルの「わ行」

029 発展形の母音字母とその発音Ⅱ

横長の母音字母と縦長の母音字母がカギ型に組み合わさった母音字母もあります。

1　ㅗ [o] + ㅏ [a] → ㅘ [wa]　　2　ㅜ [u] + ㅓ [ɔ] → ㅝ [wɔ]

3　ㅗ [o] + ㅐ [e] → ㅙ [we]　　4　ㅜ [u] + ㅔ [e] → ㅞ [we]

5　ㅗ [o] + ㅣ [i] → ㅚ [we]　　6　ㅜ [u] + ㅣ [i] → ㅟ [wi]

7　ㅡ [ɯ] + ㅣ [i] → ㅢ [ɯi]

030 発音

子音と「ㅘ, ㅝ, ㅙ, ㅞ, ㅟ」が組み合わさった場合は、分解した字母ひとつひとつの発音をつなげて一気に発音すればよいでしょう。

고 [ko] + ㅏ [a] → 과 [kwa]　　　무 [mu] + ㅓ [ɔ] → 뭐 [mwɔ]

✎ 「ㅚ [we]」は「ㅗ」と「ㅣ」をつなげた発音ではなく、「ㅞ [we]」とほぼ同じ発音となります。

ㅎ [h] + ㅚ [we] → 회 [hwe]　　cf. ㅎ [h] + ㅞ [we] → 훼 [hwe]

✎ 「ㅢ」は単語の二番目以降に現れたり子音と組み合わさった場合は [i] と発音されます。

ㅎ [h] + ㅢ [ɯi] → 히 [hi]　　　ㄸ [ˀt] + ㅢ [ɯi] → 띠 [ˀti]

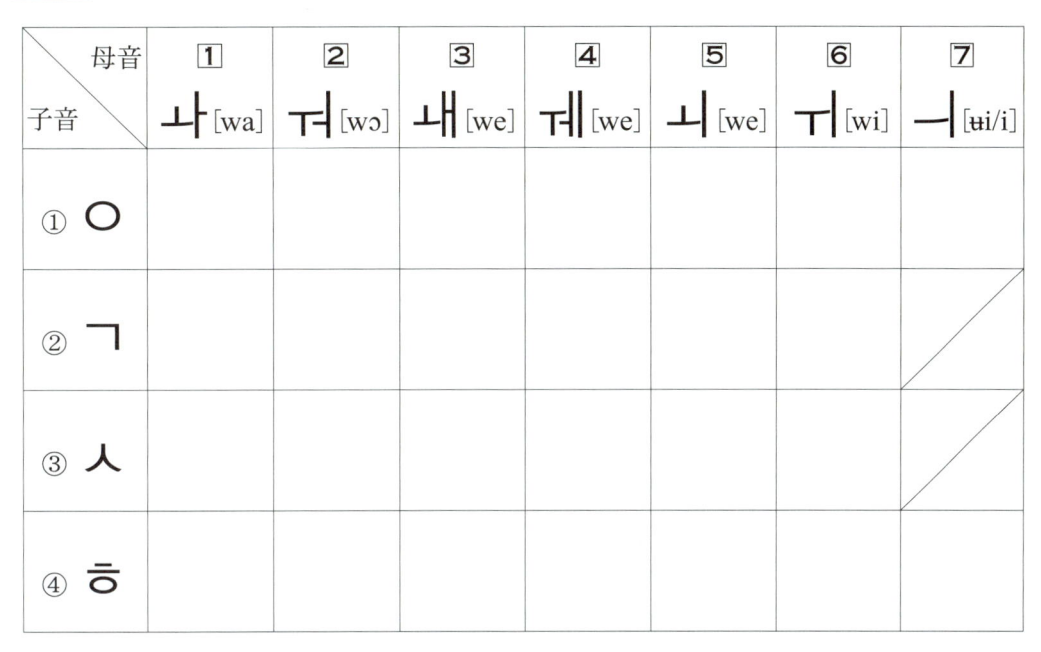

練習1 発音しながら書いてみましょう。　🔊 031

子音＼母音	1 ㅘ[wa]	2 ㅝ[wɔ]	3 ㅙ[we]	4 ㅞ[we]	5 ㅚ[we]	6 ㅟ[wi]	7 ㅢ[ɰi/i]
① ㅇ							
② ㄱ							
③ ㅅ							
④ ㅎ							

＊「ㅅ」と「ㅟ」が組み合わさると、発音は「쉬[shwi]」となります。

練習2 次の単語を発音し、2回ずつ書いてみましょう。　🔊 032

(1) 교과서 〈教科書〉

(2) 돼지 ブタ

(3) 스웨터 〈sweater〉

(4) 회사 〈會社〉

(5) 최고 〈最高〉

(6) 귀 耳

(7) 뒤 後ろ

(8) 가위 ハサミ

(9) 의자 〈椅子〉

第9課　ハングルの「ん」と「っ」

🔊 033　◐ パッチム(받침)とその発音

감사　안녕　←パッチム

子音字母と母音字母を組み合わせた文字の下についた子音字母を**パッチム**といいます。同じ子音でも、母音の前にくる場合の発音(**初声**)とパッチムである場合の発音(**終声**)が異なる場合があります。例えば「ㅇ」は母音の前では無音ですが、パッチムだと[ŋ]と発音されます。

①	②	③	④	⑤	⑥	⑦
암	안	앙	알	압	앋	악
[am]	[an]	[aŋ]	[al]	[aᵖ]	[aᵗ]	[aᵏ]

📣 発音

①は「あんま」の下線部の発音。唇が閉じられている。
②は「あんな」の下線部の発音。舌先が歯についている。
③は「あんか」の下線部の発音。口が開き、舌がひっこんでいる。
④は「ある」と言いかけて「る」の途中で止めたような発音。舌先が上の歯茎についている。
⑤は「あっぱく」の下線部の発音。唇が閉じられている。
⑥は「あった」の下線部の発音。舌先が歯についている。
⑦は「あっけ」の下線部の発音。口が開き、舌がひっこんでいる。

🔊 034　※①〜④のパッチムを「**響くパッチム**」、⑤〜⑦のパッチムを「**消えるパッチム**」と呼びます。

김치 [kimchʰi]　물 [mul]　밥 [paᵖ]　국 [kuᵏ]
キムチ　　　　水　　　　ご飯　　　スープ

練習1 ● 次の単語を発音し、2回ずつ書いてみましょう。　　🔊 035

(1) 언니　姉(←妹)

(2) 형〈兄〉　兄(←弟)

(3) 동생〈同生〉　弟・妹

(4) 할머니　おばあさん

(5) 사람　人

(6) 이름　名前

(7) 선생님〈先生-〉

(8) 시험〈試験〉

(9) 수업〈授業〉

(10) 책〈冊〉本

(11) 지갑〈紙匣〉財布

(12) 볼펜〈ball pen〉ボールペン

☆ 数を覚えよう（漢字語数詞）　🔊 036

一	二	三	四	五	六	七	八	九	十
일	이	삼	사	오	육	칠	팔	구	십

삼십일
第9課　ハングルの「ん」と「っ」

🔊 037 ☾ 異なるパッチムが同じ発音に

「ㅅ,ㅈ,ㅎ」はパッチムになると「ㄷ」パッチムと同じ発音になります。
また、平音・激音・濃音の区別はなくなります。

① 앗 았 앚 앛 앟 → [앋 aᵗ]
② 앆 악 → [악 aᵏ]   ③ 앞 → [압 aᵖ]

🔊 038 練習2 次の単語を発音し、2回ずつ書いてみましょう。

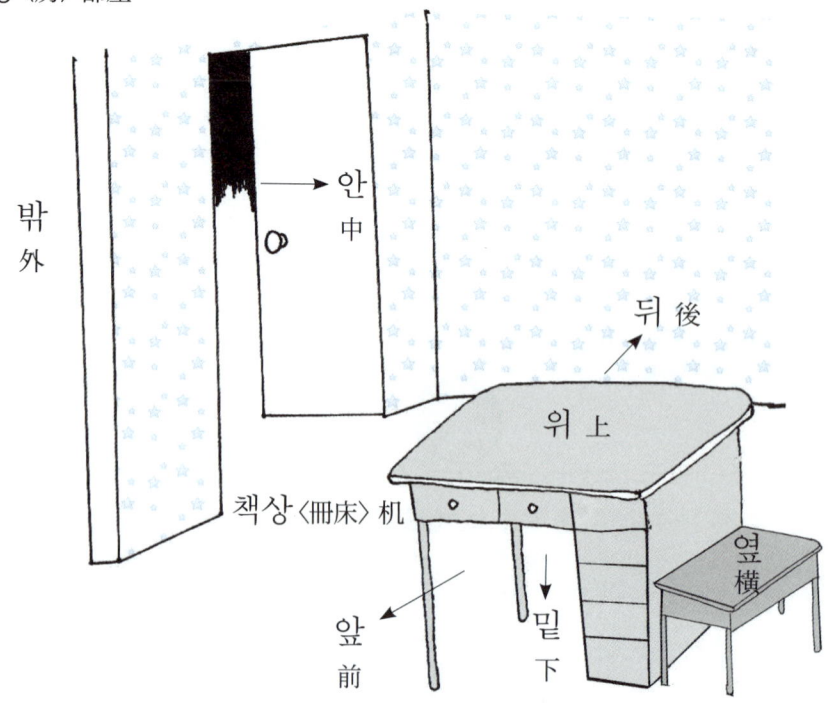

(1) 옷 服   (2) 꽃 花   (3) 부엌 台所

_____   _____   _____

🔊 039 방〈房〉部屋

밖 外
안 中
뒤 後
위 上
책상〈冊床〉机
앞 前
밑 下
옆 橫

32
삼십이
第9課　ハングルの「ん」と「っ」

パッチムの次にくる「ㄱ, ㄷ, ㅂ, ㅈ」の発音 🔊 040

「響くパッチム(ㄴ,ㅁ,ㅇ,ㄹ)」の後ろでは

　　有声音化する(濁る)　　　갈비 [kalbi] カルビ

「消えるパッチム(ㄷ,ㅂ,ㄱなど)」の後ろでは

　　濃音化する(濁らない)　　국밥 [ku^kpa^p] クッパ

練習3 次の単語を発音し、2回ずつ書いてみましょう。 🔊 041

(1) 일본 〈日本〉

(2) 한국 〈韓國〉

(3) 학교 〈學校〉

(4) 남자〈男子〉 男、男性

(5) 친구〈親舊〉 友だち

(6) 학생 〈學生〉

(7) 숙제 〈宿題〉

(8) 책상 〈冊床〉机

(9) 식당 〈食堂〉

(10) 접시 皿

(11) 숟가락 スプーン

(12) 젓가락 箸

第9課　ハングルの「ん」と「っ」

ハングルで日本語を書くⅤ

● ハングルによる日本語の書き表し方

1. 濁音「が、ざ、だ、ば」の行は「ㄱ, ㅈ, ㄷ, ㅂ」で書き表します。
   例 小川：오가와　　吉田：요시다

2. 清音「か、た」の行は、語頭では「ㄱ, ㄷ」で、語中では「ㅋ, ㅌ」で書き表します。（「さ、は」の行は常に「ㅅ, ㅎ」）
   例 田中：다나카　　岸本：기시모토

3. 「ん」「っ」は直前の文字に「ㄴ」パッチム、「ㅅ」パッチムを加えます。
   例 神田：간다　　北海道：홋카이도

4. 「○い」「○う」で表される長音（長く伸ばす音）は表記しません。
   例 東京：도쿄　　九州：규슈

● 日本語のカナとハングルの対応表　　※/の左は語頭、右は語中での表記

段＼行	あ	か	が	さ	ざ	た	だ	な	は	ば	ぱ	ま	ら	わ
あ	아	가/카	가	사	자	다/타	다	나	하	바	파	마	라	와
い	이	기/키	기	시	지	지/치	지	니	히	비	피	미	리	っ(促音)
う	우	구/쿠	구	스	즈	쓰*	즈	누	후	부	푸	무	루	
え	에	게/케	게	세	제	데/테	데	네	헤	베	페	메	레	ㅅ
お	오	고/코	고	소	조	도/토	도	노	호	보	포	모	로	
○ゃ	야	갸/캬	갸	샤	자	자/차	자	냐	햐	뱌	퍄	먀	랴	ん
○ゅ	유	규/큐	규	슈	주	주/추	주	뉴	휴	뷰	퓨	뮤	류	
○ょ	요	교/쿄	교	쇼	조	조/쵸	조	뇨	효	뵤	표	묘	료	ㄴ

＊ 韓国の表記法で「つ」は「쓰」と書くことになっていますが、「쯔」や「츠」と書く人もいます。

練習　日本の地名をハングルで書いてみましょう。

1. 群馬　　　　2. 天神　　　　3. 札幌　　　　4. 鳥取

参考　字母の名称

●母音字母

母音字母は、字母の発音がそのまま字母の名前となります。

●子音字母

子音字母には単独で発音できないものも多いので、それぞれの字母には決まった名前があります。右の図の斜線の部分に各字母を入れたものを基本としていますが、「ㄱ, ㄷ, ㅅ」は例外です。

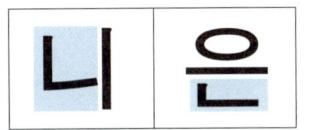

🔊 042

字母		名称	字母		名称
①	ㄱ	기역 [kiyɔk キヨク]	⑪	ㅋ	키읔 [kʰiɯk キウク]
②	ㄴ	니은 [niɯn ニウン]	⑫	ㅌ	티읕 [tʰiɯt ティウッ]
③	ㄷ	디귿 [tigɯt ティグッ]	⑬	ㅍ	피읖 [pʰiɯp ピウプ]
④	ㄹ	리을 [riɯl リウル]	⑭	ㅊ	치읓 [chʰiɯt チウッ]
⑤	ㅁ	미음 [miɯm ミウム]			
⑥	ㅂ	비읍 [piɯp ピウプ]	⑮	ㄲ	쌍기역 [ˢsaŋgiyɔk ッサンギヨク]
⑦	ㅅ	시옷 [shiot シオッ]	⑯	ㄸ	쌍디귿 [ˢsaŋdigɯt ッサンディグッ]
⑧	ㅇ	이응 [iuŋ イウン]	⑰	ㅃ	쌍비읍 [ˢsaŋbiɯp ッサンビウプ]
⑨	ㅈ	지읒 [chiɯt チウッ]	⑱	ㅆ	쌍시옷 [ˢsaŋshiot ッサンシオッ]
⑩	ㅎ	히읗 [hiɯt ヒウッ]	⑲	ㅉ	쌍지읒 [ˢsaŋjiɯt ッサンヂウッ]

参考　字母の配列

辞書や単語リストには次のような字母順で単語が配列されています。

子音　ㄱ, ㄲ, ㄴ, ㄷ, ㄸ, ㄹ, ㅁ, ㅂ, ㅃ, ㅅ, ㅆ, ㅇ, ㅈ, ㅊ, ㅋ, ㅌ, ㅍ, ㅎ
母音　ㅏ(ㅐ), ㅑ(ㅒ), ㅓ(ㅔ), ㅕ(ㅖ), ㅗ(ㅘ, ㅙ, ㅚ), ㅛ, ㅜ(ㅝ, ㅞ, ㅟ), ㅠ, ㅡ(ㅢ), ㅣ

第9課　ハングルの「ん」と「っ」

第10課　発音のルール

043　1. パッチムがスライド（連音）

> 連音Ⅰ　パッチムの直後に「ㅇ」があったら、パッチムを「ㅇ」の位置にスライドさせて発音する。パッチムが「ㄱ, ㄷ, ㅂ, ㅈ」なら有声音になる。
>
> 할아버지 [하라버지] おじいさん　　한국어 [한구거] 〈韓國語〉

044　練習1　発音しながら2回ずつ書いてみましょう。

(1) 단어 〈單語〉　　(2) 음악 〈音樂〉　　(3) 목욕 〈沐浴〉入浴

045

> 連音Ⅱ　ㅇパッチムに「ㅇ」が続いた場合は、[ŋ]の発音に続けて母音を発音する。
>
> 영어 [yɔŋʌ] 〈英語〉　　생일 [seŋil] 〈生日〉誕生日

046　練習2　発音しながら2回ずつ書いてみましょう。

(1) 강아지 小犬　　(2) 고양이 ネコ　　(3) 중앙 〈中央〉

> 連音Ⅲ　ㅎパッチムに「ㅇ」が続いた場合は[h]を発音しない。
>
> 　　좋아요[조아요] 良いです　　많이[마니] たくさん
>
> 連音Ⅳ　二つの違うパッチムの後に「ㅇ」が続く場合は右側のパッチムをスライドさせて発音する。
>
> 　　값이[갑시] 値段が　　　　읽어요[일거요] 読みます

※ただし、二つの違うパッチムの後に「ㅇ」が続かない場合は二つのパッチムのうち片方だけ発音します。どちらを発音するかは単語ごとに決まっています。

　　　　값[갑] 値段　　　읽다[익따] 読む

2.「ㅎ」と「ㄱ, ㄷ, ㅂ, ㅈ」の一体化（激音化）　　🔊 049

> 「ㄱ, ㄷ, ㅂ, ㅈ」と「ㅎ」が隣り合うと、激音「ㅋ, ㅌ, ㅍ, ㅊ」になる。
>
> 　　입학[이팍]〈入學〉　　좋다[조타] 良い

練習3　発音しながら2回ずつ書いてみましょう。　　🔊 050

(1) 축하〈祝賀〉　　　　　　　(2) 시작하다〈始作─〉始める

＿＿＿＿＿＿＿＿＿　　　　　＿＿＿＿＿＿＿＿＿

(3) 좋고 良いし　　　　　　　(4) 많지만 多いけれど

＿＿＿＿＿＿＿＿＿　　　　　＿＿＿＿＿＿＿＿＿

☆ 曜日を覚えよう　　🔊 051

日曜日	月曜日	火曜日	水曜日	木曜日	金曜日	土曜日
일요일	월요일	화요일	수요일	목요일	금요일	토요일

052　3.「ㅎ」の弱音化

> 「ㅎ」が母音や「ㄴ, ㅇ, ㅁ, ㄹ」に挟まれるとほとんど聞こえないぐらいに弱く発音される。
>
> 전**화**[저놔]〈電話〉　　안녕**히**[안녕이]〈安寧→〉ご無事で

053　練習4　発音してみましょう。

(1) 만화〈漫畫〉漫画　　(2) 영화〈映畫〉映画

(3) 결혼〈結婚〉　　(4) 열심히〈熱心→〉一生懸命

054　4.「ㄴ」の[ㄹ]化（流音化）

> 「ㄴ」と「ㄹ」が隣り合うと「ㄴ」が[ㄹ]と発音される。
>
> 한글**날**[한글랄] ハングルの日　　신**라**[실라]〈新羅〉

055　練習5　発音してみましょう。

(1) 일년〈一年〉　　(2) 진리〈眞理〉

(3) 연락〈連絡〉　　(4) 실내〈室內〉

056　5. 消えるパッチムの響くパッチム化（鼻音化）

> 「ㄱ, ㅂ, ㄷ」パッチムは、直後に「ㅁ, ㄴ」が続くと[ㅇ, ㅁ, ㄴ]と発音される。
>
> 한**국**말[한궁말] 韓国語　　**합**니다[함니다] します

057　練習6　発音してみましょう。

(1) 한국 노래 韓国の歌　　(2) 십만 원 10万ウォン　　(3) 끝나다 終わる

第10課　発音のルール

6. [ㄴ]挿入

最後にパッチムのある単語と「이,야,여,요,유,예」で始まる単語が合成語になったり続けて発音される際、間に[ㄴ]が入る。

무슨 何の + 요일 〈曜日〉 ⟶ 무슨 요일 [무슨뇨일] 何曜日

부산 〈釜山〉 + 역 〈驛〉　　→ 부산역 [부산녁]
서울 ソウル + 역 〈驛〉　　→ 서울역 [서울 + 녁 → 서울력]
한국 〈韓國〉 + 영화 〈映畵〉 → 한국영화 [한국 + 녕와 → 한궁녕와]
졸업 〈卒業〉 + 여행 〈旅行〉 → 졸업여행 [조럽 + 녀앵 → 조럼녀앵]

☆ 日付を覚えよう

月：「일〈一〉, 이〈二〉, 삼〈三〉…」に「월〈月〉」を付けます。
＊「유월〈六月〉」「시월〈十月〉」は特殊な形をとります。

1月：일월	2月：이월	3月：삼월	4月：사월
5月：오월	6月：유월＊	7月：칠월	8月：팔월
9月：구월	10月：시월＊	11月：십일월	12月：십이월

日：「일〈一〉, 이〈二〉, 삼〈三〉…」に「일〈日〉」を付けます。

1日：일일	2日：이일	3日：삼일	4日：사일
5日：오일	6日：육일	7日：칠일	8日：팔일
9日：구일	10日：십일	11日：십일일	12日：십이일

13日：십삼일　　14日：십사일　　15日：십오일
16日：십육일 [심뉴길]　　17日：십칠일　　18日：십팔일
19日：십구일　　20日：이십일　　21日：이십일일
22日：이십이일 …　　30日：삼십일　　31日：삼십일일

何月何日：몇월 [며둴] 며칠

参考　人の呼び方

　日本では「小川さん」「金さん」のように姓(苗字)に「～さん」を付けて呼ぶことが多いですが、日本語の「～さん」にあたる「～씨〈氏〉」を韓国人の姓に付けて呼ぶと失礼なニュアンスになります。必ず**フルネームか下の名前に**「～씨」付けましょう。ただ、日本人や欧米人の名前の場合は「姓＋씨」で呼んでも失礼になりません。

　出会って間もない相手や距離感のある間柄の場合は「フルネーム＋씨」で呼びかけます。少し親しくなったけれど少し遠慮のある間柄では「名前＋씨」で呼びます。

김수빈 씨 / 아, 네 오가와 씨 / 수빈 씨 / 아, 쇼코 씨

　同年輩の親しい間柄では、名前に「야(名前の最後にパッチムがない場合)」または「아(名前の最後にパッチムがある場合)」を付けて呼びます。少し年上の親しい人には「형(男性が年上の男性に)」「오빠(女性が年上の男性に)」「언니(女性が年上の女性に)」「누나(男性が年上の女性に)」または「선배〈先輩〉」と呼びます。

수빈아 / 아, 쇼코야 / 수빈아 / 아, 형!

　目上の人に対しては「김 선생님 金先生」のように、姓に敬称を付けて呼びます。

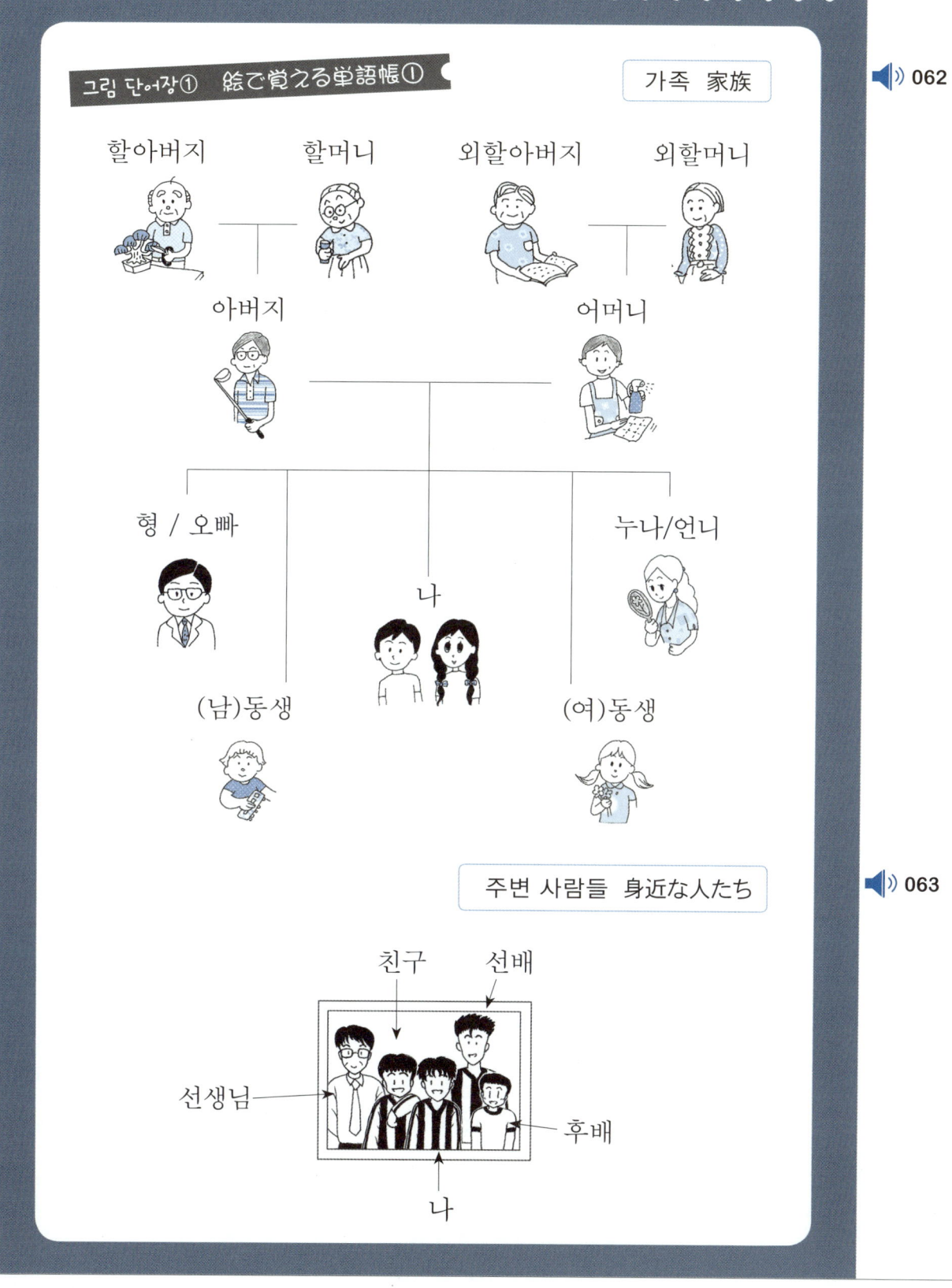

그림 단어장① 絵で覚える単語帳①　　　　　가족　家族　　🔊 062

할아버지　할머니　외할아버지　외할머니

아버지　어머니

형 / 오빠　　나　　누나/언니

(남)동생　　(여)동생

주변 사람들　身近な人たち　　🔊 063

친구　선배
선생님
후배
나

41
사십일
第10課　発音のルール

「文と文法」で使用する記号の説明

❏ 学習のポイントを示す場合に、次のような記号を用います。
　「〜」の部分には体言 (名詞・代名詞・数詞) が入ります。
　「-」は用言(動詞や形容詞)の語幹もしくは語尾が省略されていることを表します。

❏ 体言 (名詞・代名詞・数詞) の最後にパッチムがあるかないかについて、次のようなアイコンを用います。パッチムの有無に関係なく、あらゆる体言という場合は　全　を用います。

最後にパッチムがない体言 →　　　　　　例 **노래** 歌, **김치** キムチ

最後にパッチムがある体言 →　　　　　　例 **사람** 人, **밥** ご飯

❏ 韓国語の用言(動詞や形容詞)の基本形(活用の基本となる、辞書に載っている「-다」で終わる形から「-다」を除いた部分を「語幹」といいます。この語幹には、2通りの分け方があり、それぞれ次のようなアイコンを用います。あらゆる語幹を表す場合は　全　を用います。

語幹の最後にパッチムがない用言の基本形　　→　　　　다
　　例 **가다** 行く, **예쁘다** かわいい

語幹の最後にㄹパッチムがある用言の基本形　→　　　ㄹ다
　　例 **알다** 知る, **힘들다** しんどい

語幹の最後にㄹ以外のパッチムがある用言の基本形　→　　　　다
　　例 **먹다** 食べる, **어렵다** 難しい

하다語幹の基本形　　　　　　　　　　　　　　→　　하다
　　例 **하다** する, **식사하다** 食事する, **좋아하다** 好む

陽語幹(하다語幹以外で最後の母音が「ㅏ」か「ㅗ」)の基本形 →　陽다
　　例 **가다** 行く, **들어오다** 帰ってくる, **좋다** 良い

陰語幹(上記以外)の基本形　　　　　　　　　　→　　陰다
　　例 **먹다** 食べる, **마시다** 飲む, **크다** 大きい,

　なお、用言の活用のタイプについて、 받침有無型 　単純型 　陰陽型 のようなアイコンも用いていますが、その意味するところは本書を学習しながら、そのつど理解していってください。

文と文法

❏ 韓国語の文を書く際は、分かち書きをしますが、本格的な分かち書き規則は複雑なので、教科書の文の分かち書きをまねて書くようにしてください。

第11課　国際文化学部の1年生です
―自己紹介Ⅰ（名前と所属）

本文

🔊 064 会話

처음 뵙겠습니다.
저는 오가와 쇼코라고 합니다.

🔊 065 意味の確認

하카타대학교 국제문화학부 일학년입니다.
반갑습니다.

はじめまして。
私は小川翔子と申します。
博多大学国際文化学部の1年生です。
お会いできて嬉しいです。

語句

처음 副 初めて　　뵙겠습니다 [-껟씀--] 句 お目にかかります
저 代名 私　～는 助 ～は　　오가와 쇼코 人 小川翔子
～라고 합니다 [-- 함--] 句 ～といいます
하카타 대학교 ⟨--- 大學校⟩ 名 博多大学
국제문화학부 ⟨國際文化學部⟩ 名 国際文化学部
일학년 ⟨一學年⟩ [이랑-] 名 1年生　　～입니다 [임--] 句 ～です
반갑습니다 [--씀--] 句 （会えて）嬉しいです

＊韓国語にも日本語の「～の」にあたる助詞はありますが、限られた場合のみ使われます。（☞p.111）

> 韓国の学制は日本と同じ6・3・3・4制ですが、小・中・高・大学にあたる学校を、「초등학교〈初等學校〉」、「중학교〈中學校〉」、「고등학교〈高等學校〉」、「대학교〈大學校〉」といいます。また、韓国で「대학〈大學〉」と言えば日本の「学部」にあたります。

学習のポイント

1 一人称代名詞　저 わたくし　나 僕、わたし
🔊 066

初対面の人や目上の人の前では「저」を、同年輩や年下の人の前では「나」を使います。

2 学年(학년)
🔊 067

1年生：일학년 〈一學年〉[이랑-]　　2年生：이학년 〈二學年〉[-항-]
3年生：삼학년 〈三學年〉[사망-]　　4年生：사학년 〈四學年〉[-항-]
何年生：몇 학년 〈-學年〉[며탕-]

3 ～입니다[임--]　～です
🔊 068

|　　|입니다 | 오가와 小川 | → 오가와입니다 小川です |
|　　|입니다 | 일본 사람 日本人 | → 일본 사람입니다 日本人です |

※連音に注意

✎「～입니다 ～です」の疑問形は「～입니까? ～ですか」です。

　오가와 씨는 일본 사람입니까?　　小川さんは日本人ですか。
　―네, 그렇습니다.　　　　　　　　―はい、そうです。

練習1 次の語を使って「～입니다 ～です」と書き、発音してみましょう。
🔊 069

(1) 일본 사람 日本人　_____

(2) 유학생 留学生　_____

(3) 제 친구 私の友人　_____

(4) 한국 사람 韓国人　_____

(5) 대학교 이학년 大学2年生　_____

🔊 070 ④ 主題を表す助詞 〜는/은 〜は

| □는 | 저 私 → 저는 私は |
| □은 | 선생님 先生 → 선생님은 先生は |

저는 대학생입니다. 　　　　私は大学生です。
선생님은 한국 사람입니다. 　先生は韓国人です。

🔊 071 練習2 ● 次の語を使って「A는/은 B입니다 AはBです」と書き、発音してみましょう。

(1) A. 여기 ここ　　B. 우리 학교 私たちの学校

　　_____

(2) A. 이름 名前　　B. 김지훈 金志勲

　　_____

(3) A. 제 남자 친구 私の彼氏　　B. 한국 사람 韓国人

　　_____

(4) A. 이 사람 この人　　B. 유학생 留学生

　　_____

(5) A. 이 학생 この学生　　B. 중국 사람 中国人

　　_____

5 名前を紹介する表現　～라고/이라고 합니다　～といいます、～と申します　🔊 072

```
□라고 합니다
    요시다 吉田　→　요시다라고 합니다　吉田と申します
□이라고 합니다
    정희진 鄭希鎭　→　정희진이라고 합니다　鄭希鎭といいます
```

저 사람 이름은 정희진이라고 합니다.　あの人の名前は鄭希鎭といいます。

練習3　絵を見ながら例のように書き、発音してみましょう。　🔊 073

例
야구 선수　野球選手
이민호　李敏鎬

이 사람은 야구 선수입니다.
이름은 이민호라고 합니다.

(1) 제 동생　私の妹
유카리　由香里

(2) 제 남자 친구　私の彼氏
윌리엄　ウィリアム

(3) 중국 유학생　中国からの留学生
왕지엔민　王建民

(4) 가수　歌手
현이　ヒョニ

(5) 한류 스타　〈韓流 star〉
박지섭　朴志燮

(6) 개그맨 〈gag man〉　お笑い芸人
로쿠로　ロクロー

第11課　国際文化学部の1年生です

総合練習

074 1. 次の文を韓国語に訳し、発音してみましょう。

① 私は日本の大学生です。

② この人は韓国の留学生ですか。

③ 私の彼女は在日韓国人です。

④ 名前は姜恵蓮(강혜련)といいます。

⑤ 私たちの学校の名前は○○○です。

単語リスト

유학생 留学生
여자 친구 彼女
재일 교포 在日韓国人
이름 名前
중국 中国
조선족 朝鮮族
중앙 中央

※このほかの分からない単語は巻末の単語リストで調べましょう。

075 2. 次の文を声に出して読み、日本語に訳してみましょう。

처음 뵙겠습니다. 저는 중국 유학생입니다. 이름은 리웬즈라고 합니다. 중국 조선족입니다. 중앙대학교 문학부 이학년입니다. 반갑습니다.

3. 本文のような自己紹介文を韓国語で書き、声に出して読んでみましょう。

参考　漢字音

韓国語では1つの漢字に音読みが1通りだけある場合が大部分で、日本語で音読みする漢字熟語をそのまま韓国語読みすれば通用することが多いのです。下の表は漢字音の例です。これらを組み合わせれば、様々な漢字熟語や大部分の学部・学科名を表すことができます。

い	이：以・異, 의：醫(医)・意・椅
	위：位・委
か	가：家・歌, 하：下, 과：科, 화：化
き	기：機・基・氣(気)・記・企・器
ご	호：護, 오：互・午・誤・娯, 어：語
し	시：市・試・始・詩・視・示
	지：祉・志・紙, 사：思・史, 자：子・資
しゃ	사：社・謝・寫(写)
しゅ	수：手・守・주：主・酒
ち	지：地・知, 치：治・置・値・致
と	도：都・徒・途・渡
み	미：美・未・味
り	리/이：理・利・離

かい	개：開・改, 해：海・解
	계：械・界・階, 회：會(会)・回
がい	개：概, 해：害, 외：外
さい	재：再・才・災, 제：際・濟(済)
ざい	재：在・財

いき	역：域
いく	육：育
がく	학：學(学), 악：樂(楽)
こく	국：國(国), 혹：酷, 고：告
ちく	축：築・畜
ふく	복：福・復・複
やく	약：藥(薬)・約

かつ	할：割, 활：活
じゅつ	술：術・述
てつ	철：哲・鐵(鉄)

えい	영：英・營(営)・永・泳
けい	경：經(経)・京・景・慶・敬・警, 계：係・計
げい	영：迎, 예：藝(芸)
すう	수：数
せい	성：成・声, 정：政・正, 생：生
めい	명：名・明・命
ぎょう	업：業
きょう	경：京・境, 교：教
こう	공：工・功・公・攻, 강：康・鋼・降
	광：光, 교：校, 고：高・考
そう	송：送, 상：相・想
しょう	상：商・床, 소：小・少
じょう	정：情, 상：上・狀
ほう	방：方・放・訪, 법：法, 보：報
ぼう	방：防・妨, 모：某・冒

いん	인：因, 원：員・院
おん	온：溫, 음：音, 은：恩
かん	간：間・看, 관：觀(観)・關(関),
	한：韓・漢・寒・環・歡
けん	건：建・健・件, 견：見
げん	언：言, 엄：嚴(厳)
さん	산：産・山・算, 참：參(参)
しん	심：心・芯, 신：新・神・信・身,
	진：進・眞(真)・振, 친：親
じん	인：人・仁
せん	선：先・選・線, 전：專(専)・戰(戦)
ぜん	전：全・前, 선：善
でん	전：電・伝
ぶん	문：文・聞
りん	림/임：臨

＊「/」の左側は本来の漢字音、右側はその漢字が語頭に来た場合の漢字音。
＊（　）の直前は韓国で使われている漢字、（　）内は日本で使われている漢字。

第12課 趣味は音楽を聞くことです
―自己紹介Ⅱ(年齢と趣味)

本文

076 会話
077 意味の確認

구십오 년생, 만으로 열여덟 살입니다.
취미는 음악 듣는 것입니다.
좋아하는 가수는 에스엔에프입니다.
잘 부탁드리겠습니다.

95年生まれ、満で18歳です。
趣味は音楽を聞くことです。
好きな歌手はSNFです。
よろしくお願い致します。

語句

~년생〈年生〉[単名](漢数+)~年生まれ　　만으로〈滿--〉満で
열여덟 [열려덜][数] 18　　~살[単名](固数+)~歳　　취미〈趣味〉[名]　　음악〈音樂〉
듣는 것 [든는걷]：聞くこと　　좋아하는 [조아--]~[句] 好きな~
가수〈歌手〉[名]　　에스엔에프〈SNF〉　　잘[助] よく、よろしく
부탁드리겠습니다〈付託----〉[句] お願い致します

韓国では相手との年齢の上限関係によって言葉づかいを変えなければならないことがあるため、年齢がよく話題になりますが、年齢は数え年で(한국 나이로[--궁 ---])言い表すのが一般的です。満年齢から数え年を算出する方法は次のとおりです。
　①旧正月を迎えてから誕生日までの間：満年齢+2＝数え年
　②誕生日を迎えてから次の正月まで：満年齢+1＝数え年

学習のポイント

1 生まれ年 (생년)　　　　　　　　　　　　　　　　　　　🔊 078

「〜年」は漢字語数詞(일, 이, 삼…)に「년」を付けて表します。

生まれ年は、例えば1995年生まれであれば「구십오년생　95年生まれ」のように西暦年の下2桁で言い表し、2002年生まれであれば「공이년생　ゼロ2年生まれ」のように言います。

```
漢字語数詞
ゼロ  一  二  三  四  五  六  七  八  九  十  百  千
공    일  이  삼  사  오  육  칠  팔  구  십  백  천
```

何年：몇 년〈~年〉[면-]　　何年生まれ：몇 년생〈~年生〉[면--]

練習1　次の年をハングルで書き、発音してみましょう。また、これらを生まれ年として書　🔊 079
き、発音してみましょう。あなたの生まれ年についても同様にしてみましょう。

(1) 1975年 ＿＿＿＿＿＿　＿＿＿＿＿＿　　(2) 1981年 ＿＿＿＿＿＿　＿＿＿＿＿＿

(3) 1990年 ＿＿＿＿＿＿　＿＿＿＿＿＿　　(4) 1996年 ＿＿＿＿＿＿　＿＿＿＿＿＿

(5) 2003年 ＿＿＿＿＿＿　＿＿＿＿＿＿　　(6) 2012年 ＿＿＿＿＿＿　＿＿＿＿＿＿

2 年齢 (나이)　　　　　　　　　　　　　　　　　　　🔊 080
　　　　　　　　　　　　　　　　　　　　　　　　　　　　🔊 081

年齢は、日本語の「ひい、ふう、みい」にあたる固有語数詞「하나, 둘, 셋…」で表します。
「〜歳」にあたる「〜살」を付ける際は、直前の数詞を下の表の〈　〉内の形に変えます。

```
固有語数詞
一つ    二つ   三つ   四つ   五つ    六つ    七つ    八つ    九つ    十
하나    둘     셋     넷     다섯    여섯    일곱    여덟    아홉    열
〈한〉 〈두〉〈세〉〈네〉                              [여덜]

二十        三十   四十   五十   六十   七十   八十   九十
스물〈스무〉 서른   마흔   쉰     예순   일흔   여든   아흔
```

✎ これらを組み合わせて1〜99の整数を表すことができます。

11歳：열한 살　　15歳：열다섯 살　　20歳：스무 살　　23歳：스물세 살

🔊 082 練習2 次の年齢をハングルで書き、発音してみましょう。あなたの年齢についても同様にしてみましょう。

(1) 12歳　　　　　　(2) 18歳　　　　　　(3) 19歳
_____　　　　_____　　　　_____

(4) 21歳　　　　　　(5) 22歳　　　　　　(6) 24歳
_____　　　　_____　　　　_____

🔊 083 **3** -는 것 (する)こと　좋아하는 ～ 好きな～

「趣味は音楽です」と言った場合、音楽を聞くことなのか、楽器を弾くことなのかはっきりしません。「音楽を聞くことです」のように表現するには「음악 듣다 音楽(を)聞く」の「-다」を「-는 것 (する)こと」に変えます。このような「-는」を連体形語尾といいます。詳しくは第16課で改めて学習します。

> 드라마 보다 ドラマ(を)見る → 드라마 보는 것 ドラマ(を)見ること
> 노래 하다 歌(を)歌う　　 → 노래 하는 것 歌(を)歌うこと
> 자다 寝る　　　　　　　→ 자는 것　　　寝ること
> 먹다 食べる　　　　　　→ 먹는 것　　　食べること

「好きな歌手」という場合も「좋아하다 好きだ」の「-다」を「-는」に変えれば「가수〈歌手〉」を修飾することができます。「가수」を他の語に入れ替えれば、様々な自分の好みについて表現することができます。

좋아하다 好きだ → 좋아하는 가수 好きな歌手

> 노래 歌　곡 曲　배우 俳優　드라마 ドラマ
> 영화〈映畫〉　스포츠 スポーツ　선수〈選手〉

第12課　自己紹介Ⅱ(年齢と趣味)

練習3 次の文の下線部にあなたの趣味や好きなものごとを韓国語で書き、発音してみましょう。

(1) 취미는 _____ 입니다.

(2) 좋아하는 _____ 는/은 _____ 입니다.

4 アルファベット (알파벳) と外来語 (외래어)　　🔊 084

アルファベットや外来語は日本語と似ていることが多いですが、日本語式の発音では通じない場合もあるので、ハングルを忠実に発音するようにしましょう。

> A:에이　B:비[삐]　C:시[씨]　D:디　E:이　F:에프　G:지　H:에이치　I:아이
> J:제이　K:케이　L:엘　M:엠　N:엔　O:오　P:피　Q:큐　R:알　S:에스
> T:티　U:유　V:브이　W:더블유[떠블류]　X:엑스　Y:와이　Z:제트

練習4 次の単語から韓国語の外来語の特徴を考えてみましょう。　　🔊 085

코코아 cocoa, 테니스 tennis, 드라이브 drive, 센터 center, 버스 bus,
댄스 dance, 택시 taxi, 게임 game, 이메일 e-mail, 피자 pizza, 스포츠 sports,
커피 coffee, 쇼핑 shopping, 콜라 cola, 드라마 drama, 초콜릿 chocolate

練習5 次の単語は外来語です。意味を考えてみましょう。　　🔊 086

쿠키	바나나	토마토	시디
파티	재즈	파인애플	햄버거
호텔	아이스크림	나이프	볼펜
볼링	엘리베이터	홈페이지	매니저
케찹	핫도그	인터넷	텔레비전

総合練習

087 1. 次の文を韓国語に訳し、発音してみましょう。

① 93年生まれ、満で20歳です。

② 妹は98年生まれ、数え年で17歳です。

③ 趣味はドライブです。

④ 私の趣味は食べることです。

⑤ 好きな食べ物はピザです。

単語リスト

여동생 妹
드라이브 ドライブ
음식 食べ物
～학번 ～年度入学
구단 球団、野球チーム
선수 選手

※このほかの分からない単語は巻末の単語リストで調べましょう。

088 2. 次の文を声に出して読み、日本語に訳してみましょう。

　저는 일삼 학번, 나이는 열아홉 살입니다. 취미는 야구 보는 것입니다. 좋아하는 구단은 라이온즈, 좋아하는 야구 선수는 이민호입니다. 잘 부탁드리겠습니다.

3. 本文のような自己紹介文を韓国語で書き、声に出して読んでみましょう。

그림 단어장② 絵で覚える単語帳②

취미 趣味

089

독서〈讀書〉	음악〈音樂〉	영화〈映畫〉	요리〈料理〉
여행〈旅行〉	쇼핑	드라이브	댄스
노래	기타	볼링	스포츠
야구〈野球〉	축구〈蹴球〉	농구〈籠球〉	배구〈排球〉
만화	애니메이션	게임	인터넷

✐ 共に使われる動詞は巻末の単語リストを参考にしてください。

第12課　趣味は音楽を聞くことです

第13課 我が家は4人家族です
―家族紹介

090 会話
우리 집은 아버지, 어머니, 오빠 그리고 저,
　　이렇게 네 식구입니다.

091 意味の確認
아버지는 회사원, 어머니는 간호사, 오빠는
　　취업 준비 중입니다.
그리고 우리 집에는 강아지가 두 마리 있습니다.
강아지들도 우리 가족입니다.

我が家は父、母、兄、そして私の4人家族です。
父は会社員、母は看護師、兄は就職準備中です。
そして、うちには小犬が2匹います。
犬たちもうちの家族です。

語句

우리 [代名] 私たち、うち　　집 [名] 家　　아버지 [名] 父　　어머니 [名] 母
오빠 [名] 兄(←妹)　　그리고 [副] そして　　이렇게 [-러케] [形] このように
~식구 〈食口〉 [単名] (固数+)~人家族　　회사원 〈會社員〉 [名] 会社員
간호사 〈看護師〉 [名]　　취업 〈就業〉 [名] 就職　　준비 〈準備〉 [名]　　~중 〈中〉 [名]
~에 [助] ~に　　강아지 [名] 小犬、ワンちゃん　　~가 [助] ~が　　있습니다 [句] います
~마리 [数] (固数+)~匹　　~들 [辞] ~たち　　~도 [助] ~も
가족 〈家族〉 [名]

学習のポイント

1 固有語数詞と単位名詞　　🔊 092

　固有数詞は年齢のほか、身近な人や物の個体数を言い表す時にも用いられます。また、人、動物、モノなど、数える対象それぞれに特有の単位名詞が付きます。

　数を尋ねる語は「몇 ～」です。(固有語数詞はp51、このほかの単位名詞はp.120を参照)

人　　　：한 명 1人　두 명 2人　다섯 명[-선 -] 5人　몇 명[면 -] 何人
動物・鳥：한 마리 1匹・1羽　두 마리 2匹・2羽,
　　　　　다섯 마리[-선 --] 5匹・5羽　몇 마리[면 --] 何匹・何羽
モノ　　：하나/한 개 1つ　두 개 2個　다섯 개 5個　몇 개 何個

2 有無を表す表現　있습니다 います、あります　없습니다 いません、ありません　🔊 093

　日本語では、人は「います」、物は「あります」と区別しますが、韓国語では人も物も「있습니다」と言い表します。「있습니다」の否定表現は「없습니다 いません・ありません」です。

하나 있습니다. 1つあります。　　　두 명 있습니다. 2人います。
세 마리 있습니다. 3匹います。　　하나도 없습니다. 1つもありません。

練習1 ● 次の絵を見て、「～人/～匹/～ついます・あります」と韓国語で書き、発音してみましょう。　🔊 094

(1)　　　　　　　　　　　　　　　(2)

_____　　　　　　　　_____

(3)　　　　　　　　　　　　　　　(4)

_____　　　　　　　　_____

🔊 095 **3** 主語を表す助詞　～가/이　～が

□가　형제 兄弟　→ 형제가 兄弟が
□이　애완동물 ペット → 애완동물이 ペットが

저는 형제가 없습니다.　私は兄弟がいません。
집에 애완동물이 있습니까?　家にペットがいますか。

※「저 私」に「～가 ～が」が付く場合は「제가 私が」となります。

제가 막내입니다.　私が末っ子です。

🔊 096 練習2　次の語を使って「～がいます・あります」または「～がいません・ありません」という意味の文を韓国語で書き、発音してみましょう。

(1) 여자 친구 彼女

(2) 남동생 弟

(3) 숙제 宿題

(4) 시험 試験

(5) 수업 授業

(6) 여유 余裕

(7) 시간 時間

(8) 문제 問題

58
오십팔
第13課　家族紹介

4 場所・時などを表す助詞　〜에　〜に

全	에	오후 午後 → 오후에 午後に
		집 家　　→ 집에 家に

오후에 수업이 있습니다.　午後に授業があります。

언니는 집에 있습니다.　　姉は家にいます。

日本語で「我が家には」のように助詞を重ねて用いることがありますが、韓国語でも同様に「에」と「는」を重ねて使うことができます。

우리 학교에는 미술관이 있습니다.　うちの学校には美術館があります。

우리 집에는 애완동물이 없습니다.　我が家にはペットがいません。

練習3　次の語を使って「AにBがいます/あります」と韓国語で書き、発音してみましょう。　098

(1) A. 도서관 図書館　B. 친구들 友人たち

(2) A. 부산 釜山　B. 남자 친구 彼氏

(3) A. 교실 教室　B. 제 가방 私のカバン

(4) A. 역 앞 駅前　B. 편의점[펴니-] コンビニ

(5) A. 다음 주[-- 쭈] 来週　B. 시험 試験

(6) A. 저녁 晩　B. 약속 約束

✐ 日本語なら「来週(に)試験があります」の場合、「に」を省略しますが、韓国語では、時を表わす名詞には普通、「에」を付けます。(ただし、「어제 昨日」「오늘 今日」「내일 明日」は例外。)

🔊 099　**5** 添加を表す助詞　〜도　〜も

全	도	어머니 母 → 어머니도 母も
		남동생 弟 → 남동생도 弟も

어머니도 회사원입니다.　母も会社員です。

남동생도 집에 있습니다.　弟も家にいます。

「〜에는 〜には」と同様、「〜에도 〜にも」のように言い表すこともできます。

그 학교에도 미술관이 있습니다.　その学校にも美術館があります。

친구 집에도 애완동물이 없습니다.　友達の家にもペットがいません。

🔊 100　**練習4**　次の語を使って「AはCです。BもCです。」または「AもBもCです」と韓国語で書き、発音してみましょう。

(1) A. 아버지　B. 언니　　C. 공무원 公務員
　_____

(2) A. 남동생　B. 여동생　C. 고등학생 高校生
　_____

(3) A. 저　　　B. 이 친구　C. 일본 사람 日本人
　_____

(4) A. 이 사람　B. 저 사람　C. 유학생 留学生
　_____

🔊 101　**練習5**　あなたのカバンの中には何があるか、例のように書き、発音してみましょう。

例　가방 속에는 지갑이 있습니다.

　　핸드폰도 있습니다.

　　전자 사전도 있습니다.
　　　　⋮

60
육십
第13課　家族紹介

総合練習

1. 次の文を韓国語に訳し、発音してみましょう。 🔊 102

    ① うちの家族は祖母、父、母、私、弟、
        そして妹の6人家族です。

    ② うちにはネコも3匹います。

    ③ 父は自営業、母は主婦です。

    ④ 兄も姉も医者です。

単語リスト

고양이 ネコ
이 ～ この～
사람 人
저 ～ あの～
애완동물 ペット
사이 間、仲

※このほかの分からない単語はp.62の絵で覚える単語帳③や巻末の単語リストで調べましょう。

2. 次の文を声に出して読み、日本語に訳してみましょう。 🔊 103

　　우리 집은 다섯 식구입니다. 아버지, 어머니, 형, 여동생 그리고 저입니다. 아버지는 학교 선생님, 어머니는 유치원 선생님, 형은 대학생, 여동생은 고등학생입니다. 우리 집에는 애완동물이 없습니다. 우리 가족은 정말 사이가 좋습니다.

3. あなたの家族に関する文を韓国語で書き、声に出して読んでみましょう。

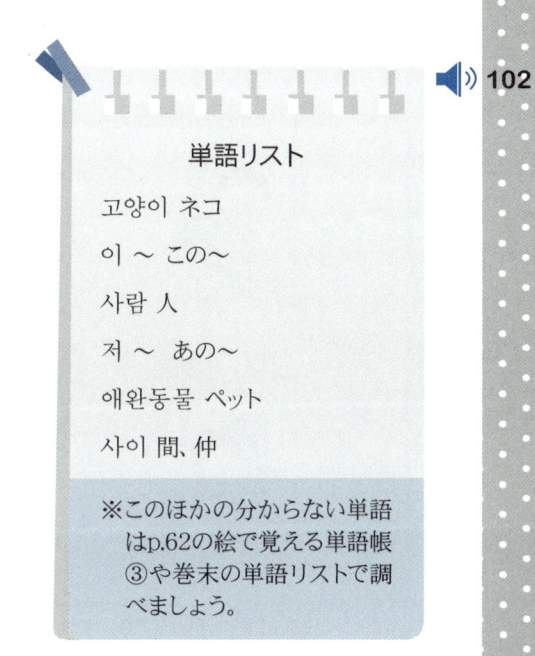

그림 단어장③ 絵で覚える単語帳③ 　　　　　직업Ⅰ 職業Ⅰ

회사원〈會社員〉	공무원〈公務員〉	자영업〈自營業〉
의사〈醫師〉	간호사〈看護師〉	주부〈主婦〉
음악가〈音樂家〉	예술가〈藝術家〉	프로 선수〈Pro選手〉
학원 선생님 〈學院先生-〉	유치원 선생님 〈幼稚園先生-〉	보육원 선생님 〈保育園先生-〉
고등학생〈高等學生〉	중학생〈中學生〉	초등학생〈初等學生〉

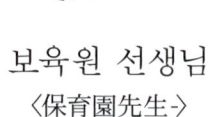

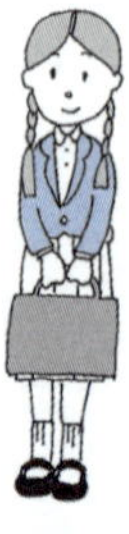

第13課　家族紹介

그림 단어장④　絵で覚える単語帳④　　　　　장소　場所

| 집 | 기숙사〈寄宿舍〉 | 학교〈學校〉 | 학원〈學院〉 |

| 교실〈敎室〉 | 연구실〈硏究室〉 | 휴게실〈休憩室〉 | 도서관〈圖書館〉 |

| 운동장〈運動場〉 | 체육관〈體育館〉 | 식당〈食堂〉 | 매점〈賣店〉 |

| 편의점〈便宜店〉 | 마트〈mart〉 | 음식점〈飮食店〉 | 레스토랑〈restaurant〉 |

| 커피숍〈coffee shop〉 | 노래방〈--房〉 | 역〈驛〉 | 화장실〈化粧室〉 |

63
육십삼
第13課　我が家は4人家族です

第14課 学校の近くにはコンビニもあります
―学校紹介

🔊 106 会話
🔊 107 意味の確認

우리 학교는 후쿠오카 교외에 있습니다.
여섯 개 학부가 있는 종합대학입니다.
학생 수는 만 명 정도 됩니다.
학교 주변에는 편의점도 있고 음식점도 많습니다.
교통이 좀 불편하지만
　　학교 생활은 정말 재미있습니다.

うちの学校は福岡郊外にあります。
6学部がある総合大学です。
学生数は一万人ぐらいになります。
学校の周りにはコンビニもあるし、飲食店もたくさんあります。
交通がちょっと不便だけれど、学校生活はとても楽しいです。

語句

교외〈郊外〉名　　학부〈學部〉名　　있는~←있다 存 ある + -는~ 尾
종합대학〈綜合大學〉名 総合大学　　수〈數〉名　　만〈萬〉数 一万
~명〈名〉単名 (固数+)~人　　정도〈程度〉名 ぐらい
됩니다←되다 動 なる + -ㅂ니다 尾 -ます
주변〈周邊〉名 周り　　편의점〈便宜店〉[펴니-] 名 コンビニ
있고←있다 存 ある + -고 尾 (する)し　　음식점〈飲食店〉名 飲食店
많습니다←많다 形 多い + -습니다 尾 -です　　교통〈交通〉名　　좀 副 ちょっと
불편하지만←불편하다〈不便-〉形 不便だ + -지만 尾 -けれど、-が　　생활〈生活〉名
정말 副 本当に、とても　　재미있습니다←재미있다 存 楽しい + -습니다 尾 -です

学習のポイント

1 用言の語幹と語尾　　🔊 108

韓国語の用言(動詞や形容詞)の基本形はすべて「-다」で終わり、「-다」を除いた部分を語幹と言います。語幹は次の三つに種類分けされます。

語幹の最後にパッチムがない用言 → ☐다
　例 가다 行く　　유명하다 有名だ

語幹の最後にㄹパッチムがある用言 → ☐ㄹ다
　例 만들다 作る　　멀다 遠い

語幹の最後にㄹ以外のパッチムがある → ☐다
　例 먹다 食べる　　가깝다 近い

2 丁寧の語尾　-ㅂ니다/습니다 (し)ます、-です　　[받침有無型〈ㄹ脱落〉]　🔊 109

用言(動詞や形容詞)の語幹につき、日本語の「-です、-ます」のように、丁寧な意味をあらわします。この語尾が付いた形を「丁寧形」または「합니다形」と呼びます。

☐다 → ☐ㅂ니다	유명하다 有名だ → 유명합니다 有名です
☐ㄹ다 ㄹ→ ☐ㅂ니다	멀다 遠い　ㄹ→ 멉니다 遠いです
☐다 → ☐습니다	가깝다 近い → 가깝습니다 近いです

　야구부가 유명합니다.　　野球部が有名です。
　집이 좀 멉니다.　　家がちょっと遠いです。
　바다가 가깝습니다.　　海が近いです。

✎「-ㅂ니다/습니다」の疑問形は「-ㅂ니까?/습니까?」です。

　하카타는 무엇이 유명합니까?　　博多は何が有名ですか。
　―라면이 유명합니다.　　　　　　―ラーメンが有名です。

🔊 110 【練習1】 次の用言を합니다形に変えて2回ずつ書き、発音してみましょう。

(1) 크다 大きい

_____　_____

(2) 작다 小さい

_____　_____

(3) 편리하다 [펼---]
便利だ

_____　_____

(4) 재미없다 [--업따]
おもしろくない

_____　_____

(5) 길다 長い

_____　_____

(6) 좋다 [조타] 良い

_____　_____

(7) 가다 行く

_____　_____

(8) 먹다 食べる

_____　_____

(9) 만들다 作る

_____　_____

(10) 공부하다 勉強する

_____　_____

🔊 111 【練習2】 次の(1)〜(3)を、p.69の□内の言葉を使って説明してみましょう。

(1) 우리 학교는 규모가 _____

(2) 우리 학교는 학생수가 _____

(3) 우리 학교는 운동부가 _____

규모 規模
학생 수 学生数
운동부 運動部

3 並列の接続語尾　-고（く）て、(する)し

「安くておいしい」「飲んで食べて」のように２つ以上の動詞や形容詞を並べてつなぐ場合に用いる語尾です。

> 全 다 → 全 고
>
> 크다 大きい → 크고 大きくて
> 길다 長い → 길고 長くて
> 가깝다 近い → 가깝고 近いし

방이 크고 깨끗합니다.　　　　　　部屋が大きくてきれいです。
역사가 길고 캠퍼스가 예쁩니다.　　歴史が長く、キャンパスが素敵です。
역도 가깝고 환경도 좋습니다.　　　駅も近いし環境も良いです。

練習3 次の(1)・(2)について、p.67-p.68の□内の言葉を使って「～は～が～くて～です」のように韓国語で説明してみましょう。(他の表現を使いたい場合は巻末の単語リストや日韓辞典を利用してください。)

(1) 우리 학교는

(2) 우리 과는

과[꽈] 学科　　전통 伝統　　역사 歴史　　규모 規模　　시설 施設
건물 建物　　캠퍼스 キャンパス　　환경 環境　　학생 수 学生数
교수님들 教授陣　　연구 研究　　수업 授業　　수준 水準　　분위기 雰囲気
취업률[-엄뉼] 就職率　　국제교류 国際交流　　～부 ～部
동아리 サークル　　활동[-똥] 活動　　자원봉사 ボランティア

第14課　学校の近くにはコンビニもあります

🔊 **115** **4** 逆接の接続語尾　-지만　(する)けれど、(い)けれど　　　　　　　　　　[単純型]

「安いけどおいしくない」「今日は行くけど明日は行かない」のように２つの相反する動詞や形容詞をつなぐ場合に用いる語尾です。

全다 → 全지만	크다 大きい → 크지만 大きいけれど
	멀다 遠い → 멀지만 遠いけれど
	좋다 良い → 좋지만 良いけれど

건물은 크지만 오래됐습니다.　　　　建物は大きいけれど古いです。
그 식당은 멀지만 메뉴가 많습니다.　　その食堂は遠いけれどメニューが多いです。
환경은 좋지만 교통이 불편합니다.　　環境は良いけれど交通が不便です。

🔊 **116** 練習4　次の(1)・(2)について、p.67・p.68の◻︎内の言葉を使って「〜は〜が〜けれど〜です」のように韓国語で説明してみましょう。(他の表現を使いたい場合は巻末の単語リストや日韓辞典を利用してください。)

(1) 우리 학교는

(2) 우리 과는

🔊 **117**

길다 長い　　짧다 [짤따] 短い　　크다 大きい　　작다 小さい　　많다 [만타] 多い
좋다 [조타] 良い　　별로이다 イマイチだ　　깨끗하다 [-끄타-] きれいだ
오래됐다 古い　　예쁘다 素敵だ　　잘 돼 있다 (施設・制度などが)整っている
유명하다 有名だ　　활발하다 [-바라-] 活発だ　　세다 強い
약하다 [야카-] 弱い　　편리하다 [별---] 便利だ　　불편하다 [-펴나-] 不便だ

総合練習

1. 次の文を韓国語に訳し、発音してみましょう。

   ① うちの大学は規模が大きく、
   　留学生も1000人以上になります。

   ② 運動部が強く、国際交流も活発です。

   ③ うちの学科は規模が小さいけれど、
   　学生たちがお互いに仲が良いです。

   ④ うちの学校は伝統があるけれど、
   　建物が古いです。

単語リスト

이상 以上	운동부 運動部
서로 お互い	사이 仲
시내 市内	
위치하다 位置する	
주변 周辺	
잘 돼 있다 整っている	
술집 [-찝] 居酒屋	
가격 価格	
노래방 カラオケボックス	
근처 近く	아쉽다 残念だ

※分からない単語は巻末の単語リストで調べましょう。

2. 次の文を声に出して読み、日本語に訳してみましょう。

　우리 대학교는 오사카 시내에 위치합니다. 학교는 작지만 시설은 정말 잘 돼 있습니다. 학교 주변에는 음식점도 많고 술집도 많습니다. 가격도 싸고 맛있습니다. 하지만 근처에 노래방이 없습니다. 저는 그것이 아쉽습니다.

3. 学校または自分の住む地域を紹介する文を韓国語で書き、声に出して読んでみましょう。

그림 단어장⑤ 絵で覚える単語帳⑤

형용하는 말 I / 形容する言葉 I

크다	작다	길다	짧다

멀다	가깝다	많다	적다

재미있다	재미없다	좋다	별로이다

깨끗하다	오래됐다	편리하다	불편하다

세다	약하다	유명하다	활발하다

第14課　学校紹介

그림 단어장⑥ 絵で覚える単語帳⑥

일상의 동작Ⅰ
日常の動作Ⅰ

🔊 121

가다 	오다 	먹다 	마시다 

보다 	듣다 	알다 	모르다 

읽다 	쓰다 	그리다 	만들다 

놀다 	공부하다  	살다 	다니다 

第15課　スーパーでアルバイトをしています
—日常生活を語る

🔊 **122** 会話
저는 학교 근처에 혼자 삽니다.
아침에는 빵을 먹습니다.

🔊 **123** 意味の確認
학교에는 자전거로 다닙니다.
한국어 수업은 일주일에 한 번만 있습니다.
저녁에는 마트에서 아르바이트를 합니다.

私は学校の近くに一人で暮らしています。
朝はパンを食べます。
学校には自転車で通っています。
韓国語の授業は1週間に1回だけあります。
晩はスーパーでアルバイトをしています。

語句

근처〈近處〉名 近く　혼자 副 一人で
삽니다←살다 動 住む ＋ -ㅂ니다 尾 (し)ます、(し)ています　아침 名 朝
빵 名 パン　먹습니다←먹다 動 食べる ＋ -습니다 尾 (し)ます
자전거〈自轉車〉名　〜로 助 〜で{手段}
다닙니다←다니다 動 通う ＋ -ㅂ니다 尾 (し)ます、(し)ています
한국어〈韓國語〉名　수업〈授業〉名　일주일〈一週日〉名 1週間
한〜 連体 1〜　〜번〈番〉単名 (固数＋)〜回　〜만 助 〜だけ　저녁 名 晩
마트〈mart〉名 スーパー　〜에서 助 〜で{場所}　아르바이트〈arbeit〉名 アルバイト
〜를 助 〜を　합니다←하다 動 する＋ㅂ니다 尾 (し)ます、(し)ています

✐ 日本語の場合「朝(に)は」「日曜日(に)も」など、時を表す助詞の「に」は省略されることが多いですが、韓国語では時を表す助詞の「에」は原則的に省略されません。

✐ 「삽니다」「다닙니다」などの形は現在の状況や習慣を表すため、日本語では「住んでいます」「通っています」のように訳されます。

学習のポイント

1 対象を表す助詞　～를/을　～を　🔊 **124**

　　□를　숙제 宿題 → 숙제를 宿題を
　　■을　운동 運動 → 운동을 運動を

집에서 숙제를 합니다. 　家で宿題をします。
아침에 운동을 합니다. 　朝、運動をします。

練習1 次の語を使って「～をします」という意味の文を韓国語で書き、発音してみましょう。🔊 **125**

(1) 드라이브 ドライブ　_____

(2) 쇼핑 ショッピング　_____

(3) 댄스 ダンス　_____

(4) 게임 ゲーム　_____

(5) 인터넷 インターネット　_____

練習2 次の語を使って「AをBます」という意味の文を韓国語で書き、発音してみましょう。🔊 **126**

(1) A. 물 水　　　　B. 마시다 飲む

(2) A. 밥 ご飯　　　B. 먹다 食べる

(3) A. 비디오 ビデオ　B. 보다 見る

(4) A. 음악 音楽　　B. 듣다 聞く

(5) A. 이름 名前　　B. 알다 知る

🔊 127 **2** 場所を表す助詞　～에서　～で

　日本語の「～で」にあたる助詞は、韓国語では「場所を表す言葉」には「～에서」を、「場所以外の言葉」には「～로/으로」を付けるという使い分けがあります。

> 全 에서　학교 学校 → 학교에서 学校で
> 　　　　식당 食堂 → 식당에서 食堂で

학교에서 한국어를 공부합니다.　　学校で韓国語を勉強し(てい)ます。
식당에서 점심을 먹습니다.　　　　食堂で昼ご飯を食べます。

🔊 128 練習3　次の語を使って「AでBをCます」という文を韓国語で書き、発音してみましょう。

(1) A. 도서관 図書館　　B. 책 本　　　　C. 읽다 [익따] 読む

_____

(2) A. 매점 売店　　　　B. 빵 パン　　　C. 사다 買う

_____

(3) A. 운동장 グラウンド　B. 축구 サッカー　C. 하다 する

_____

(4) A. 휴게실 休憩室　　B. 도시락 弁当　C. 먹다 食べる

_____

(5) A. 교실 앞 教室の前　B. 친구 友人　　C. 기다리다 待つ

_____

練習4　あなたの日常生活の中から、練習3の例のような文を韓国語で書き、発音してみましょう。

3 手段を表す助詞　～로/으로　～で　🔊 129

日本語の「～で」にあたる助詞として、「場所を表す言葉」には「～에서」を、「手段・方法・材料・原因など、場所以外の言葉」には「～로/으로」を付けます。

▢로	자전거 自転車	→ 자전거로 自転車で
▢ㄹ로	메일 メール	→ 메일로 メールで
▢으로	숟가락 スプーン	→ 숟가락으로 スプーンで

학교에는 자전거로 다닙니다.　　　　学校には自転車で通います。
메일로 연락합니다.　　　　　　　　メールで連絡します。
한국에서는 밥을 숟가락으로 먹습니다.
　　　　　　　　　　　　　　　　　韓国ではご飯をスプーンで食べます。

練習5 次の語を使って「AでBに(Bを)Cます」という文を韓国語で書き、発音してみましょう。🔊 130

(1) A. 버스 バス　　　　B. 학원 塾　　　　C. 다니다 通う

_____

(2) A. 지하철 地下鉄　　B. 축구장 サッカー場　C. 가다 行く

_____

(3) A. 컴퓨터 コンピュータ　B. 그림 絵　　　　C. 그리다 描く

_____

(4) A. 포인트 ポイント　　B. 게임 ゲーム　　C. 사다 買う

_____

(5) A. 젓가락 お箸　　　B. 반찬 おかず　　C. 먹다 食べる

_____

練習6 あなたの日常生活について練習5のような文を韓国語で書き、発音してみましょう。

131 ④ 限定を表す助詞 ～만 ～だけ

| 全 **만** | 하나 一つ → 하나만 1つだけ |
| | 오늘 今日 → 오늘만 今日だけ |

서비스로 하나만 줍니다.　　サービスで1つだけくれます。

그 이벤트는 오늘만 있습니다.　そのイベントは今日だけあります。

132 練習7 次の語を使って「AにはBだけいます(あります)」という意味の文を韓国語で書き、発音してみましょう。

(1) A. 집 家　　　　　B. 동생 妹

_____

(2) A. 냉장고 冷蔵庫　B. 물 水

_____

(3) A. 교실 教室　　　B. 학생들 学生たち

_____

(4) A. 지갑 財布　　　B. 카드 カード

_____

(5) A. 가방 カバン　　B. 만화책 マンガの本

_____

総合練習

1. 次の文を韓国語に訳し、発音してみましょう。

   ① 私は寄宿舎に住んでいます。

   ② 朝は家で牛乳を飲みます。

   ③ 昼ご飯は食堂で定食を食べます。

   ④ アルバイトは一週間に1回だけしています。

   ⑤ 一週間に2回、経理学校に通っています。

   ⑥ 学校には電車で通います。

単語リスト

기숙사 寄宿舎
점심 昼ご飯
정식 定食
경리학원[-ㄴ--] 経理学校
전철 電車
부모님 両親
〜와/과 같이 〜と一緒に
걸어서 歩いて
자주 しょっしゅう
힘들다 しんどい

※分からない単語は巻末の単語リストで調べましょう。

2. 次の文を声に出して読み、日本語に訳してみましょう。

　　저는 부모님과 같이 삽니다. 학교에는 걸어서 다닙니다. 한국어 수업은 일주일에 두 번 있습니다. 숙제도 많고 시험도 자주 있습니다. 그래서 좀 힘듭니다. 아르바이트는 주말에만 합니다.

3. あなたの生活に関する文を韓国語で書いてみましょう。

그림 단어장 ⑦ 絵で覚える単語帳⑦   교통 수단 交通手段

자전거 〈自轉車〉

오토바이

자가용 〈自家用〉

전철 〈電鐵〉

버스 〈bus〉

지하철 〈地下鐵〉

택시 〈taxi〉

배

비행기 〈飛行機〉

신칸센

케이티엑스* 〈KTX〉

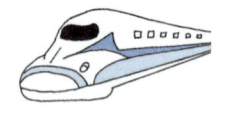

걸어서 歩いて

*ソウルと釜山・光州・麗水などの間を約3時間でつなぐ高速鉄道。

第15課　日常生活を語る

그림 단어장 ⑧　絵で覚える単語帳 ⑧　　　한국 음식　韓国料理

| 고기 | 비빔밥 | 냉면 〈冷麵〉 |

| 찌개 | 떡국 | 삼계탕 〈蔘鷄湯〉 |

| 김치 | 나물 | 잡채 〈雜菜〉 |

|  김 | 김밥 | 부침개 |

| 떡볶이 | 호떡 〈胡-〉 | 팥빙수 〈-氷水〉 |

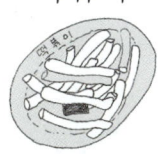

第16課 冷麺はあまり好きではありません
―好き嫌いを語る

🔊 **137** 会話
🔊 **138** 意味の確認

저는 한국 음식을 참 좋아합니다.
그 중에서도 고기와 비빔밥을
　　제일 좋아합니다.
하지만 냉면은 별로 좋아하지 않습니다.
간식은 떡볶이보다 호떡을 더 좋아합니다.

私は韓国料理が大好きです。
その中でも焼き肉とビビンバがいちばん好きです。
でも冷麺はあまり好きではありません。
おやつはトッポッキよりホットクのほうが好きです。

語句

한국 음식〈韓国飲食〉[名] 韓国料理		참 [助] 本当に、とても	
좋아합니다←좋아하다[조아--][動] 好む、好きだ+-ㅂ니다		그～ [連体] その～	
중〈中〉[名] うち	고기 [名] 肉、焼き肉	～와 [助] ～と	
비빔밥[--빱] [名] ビビンバ		제일〈第一〉[副] いちばん	
하지만 [副] けれども	냉면〈冷麺〉[名] 冷麺	별로 [副] あまり(～ない)	
좋아하지 않습니다←좋아하다[動]＋-지 않다[-안타][動] (し)ない＋-습니다 [尾]			
간식〈間食〉[名]	떡볶이 [名] トッポッキ(ピリ辛餅炒め)	～보다 [助] ～より	
호떡〈胡-〉[名] ホットク(黒蜜入り揚げ餅)		더 [副] より、もっと	

学習のポイント

1 羅列を表す助詞　~와/과　~と　　🔊 139

```
□와    우유 牛乳  → 우유와 牛乳と
■과    김 海苔    → 김과 海苔と
```

우유와 과일을 먹습니다.　　牛乳と果物を食べます。

김과 부침개가 맛있습니다.　海苔とチヂミがおいしいです。

練習1 次の単語を使って「AとB」「BとA」と韓国語で書き、発音してみましょう。　🔊 140

(1) A. 케이크　B. 커피
　　　ケーキ　　コーヒー　　_____　_____

(2) A. 냉면　　B. 비빔밥
　　　冷麺　　　ビビンバ　　_____　_____

(3) A. 야채　　B. 과일
　　　野菜　　　果物　　　　_____　_____

(4) A. 호떡　　B. 팥빙수
　　　ホットク　　かき氷　　_____　_____

練習2 次の単語を使って「AとBをC(합니다形)」という意味の文を韓国語で書き、発音してみましょう。　🔊 141

(1) A. 빵 パン　　　　B. 우유 牛乳　　　C. 먹다 食べる

_____

(2) A. 떡볶이 トッポッキ　B. 김밥 のり巻　C. 만들다 作る

_____

(3) A. 과자 お菓子　　B. 주스 ジュース　C. 사다 買う

_____

(4) A. 라면 ラーメン　B. 계란 卵　　　　C. 주문하다 注文する

_____

🔊 142 **2** 好み表現　～를/을 좋아하다　～を好む、～が好きだ

「キムチが好きです」を韓国語では「김치를 좋아합니다　キムチを好みます」のように表現します。日本語に引きずられて「김치가 좋아합니다」などと間違えないよう、気をつけましょう。

🔊 143　練習3　次の語を使って「～が好きです」という意味の文を韓国語で書き、発音してみましょう。

(1) 커피　コーヒー

(2) 삼계탕　サンゲタン

(3) 한국 드라마　韓国ドラマ

(4) 컴퓨터 게임　コンピュータゲーム

🔊 144　練習4　p.79の그림 단어장⑧やp.86の그림 단어장⑨を参考にして、例のようにあなたの好みを書き、発音してみましょう。

例　저는 카레라이스와 라면을 참 좋아합니다.
　　私はカレーライスとラーメンが大好きです。

　　저는 커피를 제일 좋아합니다.
　　私はコーヒーがいちばん好きです。

3 否定表現　-지 않다 （し）ない、（く）ない

動詞の語幹に「-지 않다」を付けたあと、「-다」を「-습니다 -です」「-고（だ）し」「-지만（だ）けど」などの語尾に付け替えます。

$$\boxed{全}다 \rightarrow \boxed{全}지 않다$$

오다 来る → 오지 않다 来ない → 오지 않습니다 来ません
멀다 遠い → 멀지 않다 遠くない → 멀지 않지만 遠くないけれど
맵다 辛い → 맵지 않다 辛くない → 맵지 않고 辛くなくて

토요일에는 학교에 오지 않습니다.　土曜日は学校に来ません。
멀지 않지만 교통이 불편합니다.　遠くないけれど交通が不便です。
갈비탕은 맵지 않고 맛있습니다.　カルビスープは辛くなくておいしいです。

練習5 ● 次の用言を否定形に変えて書き、発音してみましょう。

(1) 다니다 通う　　　　　　　(2) 좋다 良い
_____　　　　_____

(3) 어렵다 難しい　　　　　　(4) 힘들다 大変だ
_____　　　　_____

(5) 먹다 食べる　　　　　　　(6) 마시다 飲む
_____　　　　_____

(7) 살다 住む　　　　　　　　(8) 유명하다 有名だ
_____　　　　_____

練習6 ● 次の質問に対し「아니요 いいえ」で始まる否定の答えを韓国語で書き、発音してみましょう。

(1) 학원에 다닙니까? 塾に通っていますか。　_____

(2) 한국말은 어렵습니까? 韓国語は難しいですか。　_____

(3) 기숙사에 삽니까? 寮に住んでいますか。　_____

🖉「있다 ある、いる」の否定は「없다 ない、いない」、「알다 知る」の否定は「모르다 知らない」、「맛있다 おいしい」「재미있다 面白い」の否定は「맛이 없다 おいしくない」「재미없다 面白くない」です。これらについては普通の否定の意味では「-지 않다」を使いません。

🔊 148 4 比較の基準を表す助詞　～보다 ～より

> 全**보다**　도쿄 東京 → 도쿄보다 東京より
> 　　　　　김 海苔　→ 김보다 海苔より

도쿄보다 서울이 더 춥습니다. 　東京よりソウルのほうが寒いです。
일본 김보다 한국 김을 더 좋아합니다.
　　　　　　　　　　　　日本の海苔より韓国の海苔のほうが好きです。

🖉 比較表現には「더 もっと、より」という副詞がよく用られます。
빨간 색과 파란 색, 어느쪽이 더 좋습니까?
　　　　　　　　　　赤と青、どちらが(より)良いですか。
— 빨간 색이 더 좋습니다. 　—赤の方が良いです。

🔊 149 練習7 次のAとBを比べ、例のような文であなたの好みを表現してみましょう。

例 A. 커피 コーヒー　B. 홍차 紅茶　저는 홍차보다 커피를 더 좋아합니다.
　　　　　　　　　　　　　私は紅茶よりコーヒーの方が好きです。

(1) A. 밥 ご飯　　　B. 빵 パン

(2) A. 라면 ラーメン　B. 우동 うどん

(3) A. 생선 魚　　　B. 고기 肉

(4) A. 산 山　　　　B. 바다 海

(5) A. 여름 夏　　　B. 겨울 冬

総合練習

1. 次の文を韓国語に訳し、発音してみましょう。 🔊 150

   ① 料理の中ではイタリア料理がいちばん好きです。

   ② ニンジンとキュウリは好きではありません。

   ③ キムチはあまりよく食べません。

   ④ チキンカレーよりカツカレーの方が好きです。

   単語リスト
   이태리 イタリア
   당근 ニンジン
   오이 キュウリ
   치킨카레 チキンカレー
   돈가쓰카레 カツカレー
   훨씬 ずっと、はるかに
   여러 가지 いろいろ
   종류[-뉴] 種類
   소금 塩　맛 味
   된장 味噌　간장 醤油
   돼지곰탕 豚骨スープ
   다양하다 多様だ

2. 次の文を声に出して読み、日本語に訳してみましょう。 🔊 151

   　저는 라면을 너무너무 좋아합니다.
   우동보다 라면을 훨씬 더 좋아합니다. 라면에도 여러 가지 종류가 있습니다. 소금 맛 라면, 된장 맛 라면, 간장 맛 라면 그리고 돼지곰탕 맛 라면, 이렇게 다양합니다. 저는 그 중에서도 돼지곰탕 맛 라면을 제일 좋아합니다. 돼지곰탕 맛 라면을 일본말로 '돈코츠 라멘'이라고 합니다.

3. あなたの食べ物の好き嫌いに関する文を韓国語で書いてみましょう。

그림 단어장⑨ 絵で覚える単語帳⑨

음식 食べ物

빵	케이크	과자	과일

야채	고기	생선	두부	계란

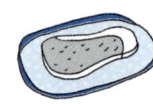

라면	우동	정식	도시락

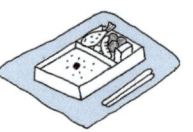

음료 飲み物

커피	홍차	코코아	콜라

주스	우유	물	술	맥주

86
팔십육
第16課　好き嫌いを語る

第17課 昨日、友人たちがうちに遊びに来ました
— 身近なでき事を語る

어제 친구들이 우리 집에 놀러 왔습니다.
같이 비디오도 보고 게임도 했습니다.
점심 때는 부침개를 만들었습니다.
모양이 좀 이상했지만 맛있었습니다.

🔊 153 会話

🔊 154 意味の確認

昨日、友人たちがうちに遊びに来ました。
一緒にビデオを見たりゲームをしたりしました。
昼ご飯にはチヂミを作りました。
形がちょっと変だったけど、おいかったです。

語句

어제 名 副 昨日　　～들 辞 ～たち　　놀러←놀다 動 遊ぶ+-러 尾 (し)に
왔습니다←오다 動 来る+-았-{過去}+-습니다　　같이 [가치] 副 一緒に
비디오 〈video〉 名 ビデオ　　보고←보다 動 見る+-고 尾
게임 〈game〉 名 ゲーム　　했습니다←하다 動 する+-였-{過去}+-습니다
점심 〈點心〉 名 昼食　　때 名 時　　부침개 名 チヂミ
만들었습니다←만들다 動 作る+-었-{過去}+-습니다　　모양 〈模樣〉 名 形
이상했지만←이상하다 〈異常---〉 形 変だ+-였-{過去}+-지만 尾 -けど
맛있었습니다+맛있다 存 おいしい+-었-{過去}+-습니다

学習のポイント

🔊 155 1 하다用言・陽語幹用言・陰語幹用言

韓国語の用言(動詞や形容詞)は、語幹の最後にパッチムがない用言・ㄹパッチムがある用言・ㄹ以外のパッチムがある用言という分け方のほかに、次のような分け方があります。

하다用言:「하다 する」および「〜하다 〜する」　→　☐ 하 다

　例 공부하다 勉強する　좋아하다 好む　유명하다 有名だ

陽語幹用言:語幹末の母音が「ㅏ」か「ㅗ」である「하다」以外の用言　→　☐ 陽 다

　例 가다 行く　들어오다 入ってくる　살다 暮らす　좋다 良い

陰語幹用言:上記以外の用言　→　☐ 陰 다

　例 먹다 食べる　마시다 飲む　갈아입다 着替える　크다 大きい

🔊 156 2 過去形

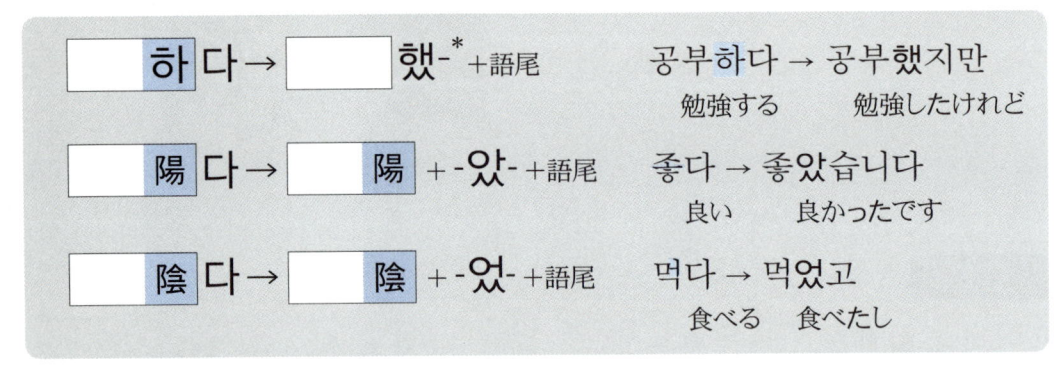

〔陰陽型〕

하다語幹の場合は「하」を「했」に変えて語尾を付け、それ以外の用言は語幹と語尾の間に「았」か「었」をはさめば過去形になります。

☐ 하 다 → ☐ 했 -* +語尾	공부하다 → 공부했지만 勉強する　勉強したけれど
☐ 陽 다 → ☐ 陽 + -았- +語尾	좋다 → 좋았습니다 良い　良かったです
☐ 陰 다 → ☐ 陰 + -었- +語尾	먹다 → 먹었고 食べる　食べたし

＊「했」は「하」に過去の要素「였」が付いて縮約されたものです。

열심히 공부했지만 성적이 좋지 않았습니다.
　　　　　　　　　一生懸命勉強したけれども成績がよくありませんでした。

어제는 날씨가 참 좋았습니다.　昨日は天気がとても良かったです。

비빔밥도 먹었고 쇼핑도 했습니다.　ビビンバも食べたしショッピングもしました。

練習1 次の語を過去の합니다形に変えて書き、発音してみましょう。また、( )にその意味を書いてみましょう。 🔊 157

(1) 받다 もらう　_____ (　　　　　　)

(2) 만들다 作る　_____ (　　　　　　)

(3) 시작하다 始める　_____ (　　　　　　)

(4) 살다 住む　_____ (　　　　　　)

(5) 없다 ない　_____ (　　　　　　)

(6) 재미있다 面白い　_____ (　　　　　　)

練習2 次の語を使って過去の합니다形の文を書き、発音してみましょう。 🔊 158

(1) A. 아까 さっき　B. 메일 メール　C. 받다 受け取る

_____

(2) A. 어제 昨日　B. 카레라이스 カレーライス　C. 만들다 作る

_____

(3) A. 작년에 去年　B. 한국어 공부 韓国語の勉強　C. 시작하다 始める

_____

(4) A. 예전에 以前　B. 이 근처 この近く　C. 살다 住む

_____

(5) A. 지난주에는 先週は　B. 한국어 수업 韓国語の授業　C. 없다 ない

_____

(6) A. 어젯밤 昨夜　B. 드라마 ドラマ　C. 재미있다 面白い

_____

🔊 159　✏️ 最後にパッチムがない語幹に「-았/었-」が付く時、語幹末の母音と「아/어」が縮約されます。

ㅏ + ㅏ → ㅏ	가다 行く	가+았	→ 갔습니다 行きました
ㅗ + ㅏ → 과	오다 来る	오+았	→ 왔습니다 来ました
ㅓ + ㅓ → ㅓ	서다 止まる	서+었	→ 섰습니다 止まりました
ㅜ + ㅓ → ㅝ	배우다 習う	배우+었	→ 배웠습니다 習いました
ㅡ + ㅓ → ㅓ	쓰다 書く	쓰+었	→ 썼습니다* 書きました
ㅣ + ㅓ → ㅕ	마시다 飲む	마시+었	→ 마셨습니다 飲みました
ㅚ + ㅓ → ㅙ	되다 なる	되+었	→ 됐습니다** なりました
ㅐ + ㅓ → ㅐ	내다 出す	내+었	→ 냈습니다 出しました

* 語幹末母音が「ㅡ」である場合、「아/어」が続くと「ㅡ」が消えるため、語幹末から2つめの母音が陽母音である場合は「ㅡ」が消えて「아」が付きます

바쁘다 忙しい　바빠+았 → 바빴습니다 忙しかったです

예쁘다 かわいい　예뻐+었 → 예뻤습니다 かわいかったです

** 語幹末母音が「ㅚ」である場合は、「어」と縮約になる場合もならない場合もあります。

되다 なる → 됐습니다/되었습니다 なりました

✏️ 語幹末母音が「ㅟ」「ㅢ」である場合は「어」との縮約は起こりません。

쉬다 休む → 쉬었습니다 休みました　　희다 白い → 희었습니다 白かったです

✏️ 「～이다」の過去形は「～」に入る体言末尾にパッチムがあるかないかで形が変わります。

末尾にパッチムのない体言+였습니다　　친구였습니다 友人でした

末尾にパッチムのある体言+이었습니다　　학생이었습니다 学生でした

✏️ 「아니다 違う、～ではない」の語幹と「어」は縮約されません。

그때는 아직 대학생이 아니었습니다.　その時はまだ大学生ではありませんでした。

第17課　身近なでき事を語る

練習3 次の用言を過去の합니다形に変えて書き、発音してみましょう。また、(　)にその意味を書いてみましょう。 🔊 160

(1) 일어나다 起きる _____ (　　　　　　)

(2) 보다 見る _____ (　　　　　　)

(3) 빌리다 貸りる _____ (　　　　　　)

(4) 기쁘다 嬉しい _____ (　　　　　　)

(5) 주다 くれる _____ (　　　　　　)

(6) 보내다 送る _____ (　　　　　　)

練習4 次の語を使って過去の합니다形の文を書き、発音してみましょう。 🔊 161

(1) A. 어젯밤에는 昨夜は　B. 열두 시 12時　C. 자다 寝る

_____

(2) A. 아침에 朝　B. 빵 パン　C. 사다 買う

_____

(3) A. 역 앞에서 駅前で　B. 친구 友人　C. 기다리다 待つ

_____

(4) A. 중학교 때 中学の時　B. 학원 塾　C. 다니다 通う

_____

(5) A. 어제 昨日　B. 동생 妹　C. 싸우다 ケンカする

_____

(6) A. 주말에는 週末は　B. 집 家　C. 쉬다 休む

_____

第17課　昨日、友人たちがうちに遊びに来ました

🔊 162　**3** 行き来の目的を表す接続語尾　-러/으러 (し)に　　받침有無型

「-러/으러」は、日本語の「食べに行く」の「に」のように、必ず「가다 行く」「오다 来る」とこれに準ずる動詞が続き、その行き来の目的を表します。

□다 → □러	사다 買う → 사러 買いに
ㄹ다 → ㄹ러	놀다 遊ぶ → 놀러 遊びに
▨다 → ▨으러	먹다 食べる → 먹으러 食べに

매점에 빵을 사러 갑니다.　　売店にパンを買いに行きます。
내일 친구들이 놀러 옵니다.　　明日友人たちが遊びに来ます。
식당에 점심을 먹으러 갔습니다.　　食堂に昼食を食べに行きました。

🔊 163　練習5　例のように「AにBしに行きました」という意味の文を韓国語で書き、発音してみましょう。

例 A. 편의점 コンビニ　B. 짐을 보내다 荷物を送る
　→ 편의점에 짐을 보내러 갔습니다.　コンビニに荷物を送りに行きました。

(1) A. 레스토랑 レストラン　B. 식사하다 食事する
＿＿＿＿＿＿＿＿＿＿＿＿＿＿＿＿＿＿＿＿＿＿＿

(2) A. 교외 郊外　B. 사진을 찍다 写真を撮る
＿＿＿＿＿＿＿＿＿＿＿＿＿＿＿＿＿＿＿＿＿＿＿

(3) A. 매점 売店　B. 자료를 복사하다 資料をコピーする
＿＿＿＿＿＿＿＿＿＿＿＿＿＿＿＿＿＿＿＿＿＿＿

(4) A. 시내 市内　B. 영화를 보다 映画を見る
＿＿＿＿＿＿＿＿＿＿＿＿＿＿＿＿＿＿＿＿＿＿＿

(5) A. 도서관 図書館　B. 책을 빌리다 本を借りる
＿＿＿＿＿＿＿＿＿＿＿＿＿＿＿＿＿＿＿＿＿＿＿

(6) A. 교실 教室　B. 가방을 가지다 カバンを持つ(取る)
＿＿＿＿＿＿＿＿＿＿＿＿＿＿＿＿＿＿＿＿＿＿＿

総合練習

1. 次の文を韓国語に訳し、発音してみましょう。

① 週末に市内に服を買いに行きました。

② 昨日おもしろいテレビ番組を見ました。

③ 久しぶりに運動しました。
　かなりしんどかったです。

④ 昨日サムギョプサルを食べました。
　とてもおいしかったです。

単語リスト

주말 週末　　시내 市内
옷 服
재미있는～ おもしろい～
TV프로 テレビ番組
오래간만에 久しぶりに
운동 形 運動　　많이 かなり
힘들다 形 しんどい
삼겹살 サムギョプサル
바닷가 海辺　　차 車
시원하다 形 爽やかだ
도중 途中　　기름 油, ガソリン
떨어지다 動 切れる、なくなる
당황하다 動 慌てる
창피하다 形 恥ずかしい

2. 次の文を声に出して読み、日本語に訳してみましょう。

　주말에 여자 친구와 바닷가에 드라이브하러 갔습니다. 형 차를 빌렸습니다. 바닷가는 정말 시원하고 로맨틱했습니다. 그런데 오는 도중에 기름이 떨어졌습니다. 저는 많이 당황했고 여자 친구 앞에서 창피했습니다.

3. 最近起きた身近な出来事に関する文を韓国語で書き、声に出して読んでみましょう。

그림 단어장⑩ 絵で覚える単語帳⑩

일상의 동작Ⅱ
日常の動作Ⅱ

자다	일어나다	시작하다	끝나다
만나다	사다	내다	보내다
받다	주다	빌리다	배우다
기다리다	찾다	구경하다	찍다

第17課　身近なでき事を語る

그림 단어장⑪　絵で覚える単語帳⑪

형용하는 말 Ⅱ
形容する言葉 Ⅱ

167

젊다	예쁘다	멋있다	맛있다
若い	かわいい	カッコいい	おいしい

비싸다	싸다	바쁘다	한가하다
(値段が)高い	安い	忙しい	暇だ

따뜻하다	시원하다	기쁘다	슬프다
暖かい	爽やかだ	嬉しい	悲しい

친절하다	이상하다	힘들다	싫다
親切だ	変だ, 不思議だ	しんどい、大変だ	嫌だ

第17課　昨日、友人たちがうちに遊びに来ました

第18課 肌にいい化粧品を買いました
―旅行経験を語る

168 会話
십일월 이일부터 오일까지 삼박사일 동안
　　친구들과 같이 부산에 여행 갔다 왔습니다.

169 意味の確認
후쿠오카에서 부산까지 비행기로
　　삼십 분밖에 안 걸렸습니다.
부산에서는 맛있는 것도 많이 먹고
　　피부에 좋은 화장품도 많이 샀습니다.
정말 재미있었습니다.

11月2日から5日まで3泊4日の間、友人たちと一緒に釜山に旅行に行ってきました。
福岡から釜山まで飛行機で30分しかかかりませんでした。
釜山では、美味しいものをたくさん食べたり、肌に良い化粧品をたくさん買ったりしました。
本当に楽しかったです。

語句

십일월〈十一月〉 [名]　　이일〈二日〉 [名]　　～부터 [助] ～から{時間}　　오일〈五日〉 [名]
～까지 [助] ～まで　　삼박사일〈三泊四日〉 [名]　　동안 [依名] ～の間
같이 [가치] [副] 一緒に　　부산〈釜山〉 [地]　　여행〈旅行〉 [名]
갔다 왔습니다←갔다 오다 [動] 行ってくる+-았-+-습니다　　～에서 [助] ～から{場所}
비행기〈飛行機〉 [名]　　삼십분〈三十分〉 [名]　　～밖에 [助] ～しか
안 — [副] (し)ない、(く)ない　　걸렸습니다←걸리다 [動] かかる+-었-+-습니다
맛있는～←맛있다 [存] おいしい+-는 [尾] {連体形}　　것 [依名] もの　　많이 [마니] [副] たくさん
먹고←먹다 [動] 食べる+-고　　피부〈皮膚〉 [名] 肌　　좋은～←좋다 [形] 良い+-은 [尾]
{連体形}　　화장품〈化粧品〉 [名]　　샀습니다←사다 [動] 買う+-았-+-습니다
정말 [副] 本当に　　재미있었습니다←재미있다 [存] 楽しい+-었-+-습니다

学習のポイント

1 期間・範囲を表す助詞　～부터 ～까지 ～から～まで　　　🔊 170

　日本語の「～から」にあたる助詞は、韓国語では**時を表す言葉**には「～부터」を付け、**場所を表す言葉**には「～에서」を付けます。(「～日」「～時」などの数詞の用法はp.120参照)

> 全 부터　두시 2時 → 두시부터 2時から
> 　　　　아침 朝 → 아침부터 朝から

「～まで」はどのような場合でも「～까지」を用います。

> 全 까지　세시 3時 → 세시까지 3時まで
> 　　　　부산 釜山 → 부산까지 釜山まで

열두시부터 한시까지 점심시간입니다.　12時から1時まで昼休みです。
하카타에서 부산까지 배로 세 시간 걸립니다.
　　　　　　　　　　　　　博多から釜山まで船で3時間かかります。

練習1　次の語を使って「AからBまでC(합니다形)」という意味の文を韓国語で書き、発音　🔊 171
　　　　してみましょう。

(1) A. 5日　　　B. 10日　　　C. 여행 가다 旅行に行く

─────────────────────────────

(2) A. 18日　　 B. 31日　　　C. 시험 기간이다 試験期間だ

─────────────────────────────

(3) A. 9月　　　B. 12月　　　C. 어학 연수를 가다 語学研修に行く

─────────────────────────────

(4) A. 8月4日　 B. 9月14日　 C. 여름 방학이다 夏休みだ

─────────────────────────────

(5) A. 열시 10時　B. 열시 십분 10時10分　C. 휴식 시간이다 休憩時間だ

─────────────────────────────

172 ② 現在連体形

第12課で学習した「먹는 것 食べるもの」「좋아하는 가수 好きな歌手」の下線部のように名詞を修飾する用言の形を**連体形**といいます。連体形の語尾(上記、二重線の部分)は用言の種類によって異なります。韓国語の用言には次の4種類があります。

> 動詞 「가다 行く」「먹다 食べる」「공부하다 勉強する」などの動きを表すもの。
> おおよそ日本語の動詞にあたる。
> 形容詞 「크다 大きい」「좋다 良い」「유명하다 有名だ」などの状態を表すもの。
> おおよそ日本語の形容詞・形容動詞にあたる。
> 存在詞 「있다 ある、いる」「없다 ない、いない」と、「맛있다 おいしい」「재미없다 おもしろくない」などの「있다」「없다」を含むもの。
> 指定詞 「～이다 ～だ、～である」と「아니다 違う、(～では)ない」。

A. 動詞・存在詞の現在連体形語尾 〖単純型〈ㄹ脱落〉〗

```
□다 → □는     타다 乗る+곳 所 → 타는 곳 乗る所
□ㄹ다 →(ㄹ)→ □는   알다 知る+사람 人 → 아는 사람 知っている人
▨다 → ▨는    재미있다 面白い+만화책 マンガ →
                   재미있는 만화책 面白いマンガ
```

택시 타는 곳은 저쪽입니다. タクシー乗り場はあちらです。
아까 아는 사람을 만났습니다. さっき知り合いに会いました。
재미있는 만화책을 봤습니다. 面白いマンガを読みました。

173 練習2 AでBを修飾する句を書き、発音してみましょう。

(1) A. 매주 보다 毎週見る　B. TV프로 テレビ番組

_____

(2) A. 매일 듣다 毎日聞く　B. 음악 音楽

_____

⑶ A. 제가 살다 私が住む　　B. 곳 ところ

⑷ A. 인기 없다 人気がない　B. 가수 歌手

⑸ A. 사랑하다 愛する　　　B. 가족들 家族たち

B. 形容詞・指定詞の現在連体形語尾　　　　　　　받침有無型〈ㄹ脱落〉　🔊 174

☐다 → ☐ㄴ　　크다 大きい + 건물 建物 → 큰 건물 大きな建物
☐다ㄹ⇨☐ㄴ　　길다 長い + 머리 髪 → 긴 머리 長い髪
☐다 → ☐은　　좋다 良い + 생각 考え → 좋은 생각 良い考え

저 큰 건물이 우리 학교입니다.　あの大きな建物がうちの学校です。
긴 머리가 예쁩니다.　　　　　　長い髪がステキです。
참 좋은 생각입니다.　　　　　　とても良い考えです。

練習3　AでBを修飾する句を書き、発音してみましょう。　🔊 175

⑴ A. 작다 小さい　　　　B. 소망 願い

⑵ A. 예쁘다 ステキだ　　B. 목걸이 ネックレス

⑶ A. 힘들다 大変だ　　　B. 일 仕事

⑷ A. 젊다 若い　　　　　B. 남자 男性

⑸ A. 외국인이다 外国人だ　B. 경우 場合

第18課　肌にいい化粧品を買いました

🔊 176 ③ 否定の副詞　안 －　－ない

用言の直前に入れると、その用言を否定します。「-지 않다」と同じ意味ですが、より話し言葉的で、直接的に否定するニュアンスがあります。

> 갑니다 行きます　　否定⇒　안 갑니다　 ＝ 가지 않습니다. 行きません
> 좋습니다 良いです　　　　　 안 좋습니다 ＝ 좋지 않습니다. 良くありません

✐「-지 않다」と同様、「있다⇔없다」「～이다⇔아니다」「알다⇔모르다」は相互に否定する語があるので、一般的な否定の意味では「**안**」を使いません。

✐ 動詞の「名詞+하다」の場合は、名詞と「하다」の間に「**안**」を入れます。

> 식사합니다　否定⇒　식사 안 합니다　＝ 식사하지 않습니다.

✐ 形容詞の「～하다」の場合は、一般的に「**안**」で否定しません。

> 유명합니다　否定⇒ 유명하지 않습니다　 ×안 유명합니다 ×유명 안 합니다

🔊 177　練習4　次の語に「안」と합니다形語尾を付けた形を書き、発音してみましょう。

(1) 먹다　　　　　　　　　　　　(2) 오다
　　食べる　_____　　　 来る　_____

(3) 바쁘다　　　　　　　　　　　(4) 어렵다
　　忙しい　_____　　　 難しい　_____

🔊 178　練習5　次の語を「안」による否定に変えて書き、発音してみましょう。

(1) 마시지 않습니다 飲みません

(2) 춥지 않습니다 寒くありません　　_____

(3) 힘들지 않습니다 大変ではありません　　_____

(4) 예쁘지 않습니다 かわいくありません　　_____

4 予想以下であることを表す助詞 ～밖에 ～しか

日本語の「～しか」と同様、後に必ず否定的な表現を伴います。

> **全** 밖에　하나 ひとつ → 하나밖에 ひとつしか
> 　　　　 이것 これ　→ 이것밖에 これしか

하나밖에 안 먹었습니다.　　ひつとしか食べませんでした。

이것밖에 없었습니다.　　　　これしかありませんでした。

練習6 次の語を使って「AしかBませんでした(否定の過去の합니다形)」という文を書き、発音してみましょう。2種の否定形のどちらを使っても構いません。

(1) A. 천원 チウォン　B. 받다 受け取る

_____

(2) A. 십분 10分　B. 기다리다 待つ

_____

(3) A. 세명 3人　B. 남다 残る

_____

(4) A. 두장 2枚　B. 쓰다 使う

_____

(5) A. 물 한 잔 水一杯　B. 마시다 飲む

_____

総合練習

🔊 **181** 1. 次の文を韓国語に訳し、発音してみましょう。

※ 日本語では省略するが、韓国語では省略しない助詞を( )内に入れました。

① 9月1日から5日まで4泊5日の間、北海道に旅行に行ってきました。

② 旅行中(に)は天気が良かったです。

③ とてもかわいい携帯ストラップを買いました。

④ 市内にある伝統的な家を見学しました。

⑤ 最後には1000円しか残りませんでした。

単語リスト

~중 ~中　　날씨 天気
핸드폰 줄 [--- 쭐] 携帯ストラップ
전통적이다 [指] 伝統的だ
마지막 最後　　남다 [動] 残る
처음 初めて　　푸르다 [르形] 青い
바다 海　　하늘 空
느긋하다 [形] ゆったりしている
흐르다 [動] 流れる
낮 昼　　실컷 [副] 思いきり
밤 夜　　분위기 雰囲気
카페 カフェ
수다를 떨다 [動] おしゃべりする
즐거운~ 楽しい~

🔊 **182** 2. 次の文を声に出して読み、日本語に訳してみましょう。

　　8월 10일부터 3박4일 동안 오키나와에 여행 갔다 왔습니다. 고등학교 때 친구들 세 명과 같이 갔습니다. 저는 오키나와가 처음이었습니다. 푸른 바다와 푸른 하늘, 그리고 느긋한 시간이 흐르는 정말 멋있는 곳이었습니다. 낮에는 바다에서 실컷 놀고 밤에는 분위기 좋은 카페에서 맛있는 음식을 먹고 친구들과 수다를 떨었습니다. 정말 즐거운 여행이었습니다.

3. あなたの旅行経験談を韓国語で書き、声に出して読んでみましょう。

그림 단어⑫장　絵で覚える単語帳⑫　　休暇と自然 휴가와 자연

날씨 天気

비　　눈 　　구름 　　바람

하늘 　　해 　　달 　　별

행락지 行楽地

바다　　산 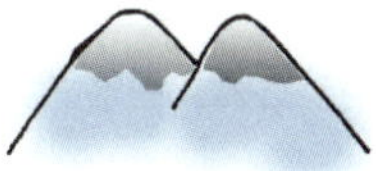　　놀이공원 　　온천

시간대 時間帯

아침　　낮 　　저녁 　　밤

계절 季節

봄　　여름 　　가을 　　겨울

第18課　肌にいい化粧品を買いました

第19課 キムチチゲなんかはあまり食べられません
― 好き嫌いの理由

184 会話
저는 사실은 매운 것을 싫어합니다.
그래서 김치찌개 같은 것은 잘 못 먹습니다.

185 意味の確認
한번은 풋고추가 너무 매워서 혼났습니다.
그런데 순두부찌개는 국물이 빨간 색이지만
　생각보다 안 매워서 괜찮았습니다.

私は実は辛いものが苦手です。
だからキムチチゲなんかはあまり食べられません。
一度は青唐辛子があまりに辛くて大変な目に遭いました。
でも、純豆腐チゲはスープが赤いけれど
　思ったより辛くてなくて大丈夫でした。

語句

사실은〈事實→〉 副 実は　　매운←맵다 ㅂ形 辛い+-은 尾 {連体形}
싫어합니다←싫어하다 動 嫌う(〜を嫌う⇒〜が嫌いだ、〜が苦手だ)+-ㅂ니다
그래서 だから　　같은←같다 形 同じだ、〜のようだ+-은 尾 {連体形}
못 ― 副 ―できない{不可能}　　너무 副 あまりに、すごく
풋고추 名 青唐辛子　　매워서←맵다 ㅂ形 辛い+-어서 尾 (く)て{原因}
혼났습니다←혼나다 動 大変な目に遭う+-았-+-습니다　　그런데 副 でも、ところが
순두부찌개〈純豆腐→〉 名 スンドゥブチゲ　　국물[궁-] 名 汁、スープ
빨간 색 名 赤、真っ赤　　생각 名 考え、思ったこと　　〜보다 助 〜より
맛 名 味　　괜찮았습니다←괜찮다 形 大丈夫だ+-았-+-습니다

学習のポイント

1 不可能の副詞　못 —　—できない
🔊 186

動詞の直前につけて、不可能の意味を加えます。

```
갑니다 行きます              못 갑니다 行けません
먹고 食べて        不可能⇒   못 먹고 食べられなくて
했지만 したけれど            못 했지만 できなかったけれど
```

내일은 학교에 못 갑니다.　　　明日は学校に行けません。

아침을 못 먹고 나왔습니다.　　朝ご飯を食べられずに出てきました。

우승은 못 했지만 후회는 없습니다.
　　　　　　　　　　　　　優勝はできなかったけれど後悔はありません。

✎「名詞 하다」に「못」を付ける場合は、名詞と「하다」の間に入れます。

식사했습니다. 食事しました → 식사 못 했습니다. 食事できませんでした。

練習1 ● 次の文を「못」を使った不可能の文に変えて書き、発音してみましょう。
🔊 187

(1) 술을 마십니다. お酒を飲みます。

　　_____

(2) 내일 모임에 나갑니다. 明日、集まりに出ます。

　　_____

(3) 아침에 신문을 봤습니다. 朝、新聞を読みました。

　　_____

(4) 오늘은 일찍 일어났습니다. 今日は早く起きました。

　　_____

(5) 학교에 연락했습니다. 学校に連絡しました。

　　_____

188　2　原因・先行動作を表す接続語尾　-여서/아서/어서　(し)て、(し)たので　【陰陽型】

「AしてBした」「AしたのでBだ」のように、AがBの原因になっている場合や、Aが前提となってBが続く場合に使われます。「-여서/아서/어서」は「-였/았/었-」を使った過去形にはできませんが、文全体の意味から過去の出来事は自動的に過去の意味になります。語幹末にパッチムのない語幹の場合、語幹末の母音と「아/어」がp.90と同様に縮約されます。

☐하다 → ☐해서*	공부하다 勉強する	→ 공부해서 勉強して
☐陽다 → ☐陽아서	좋다 良い	→ 좋아서 良くて
☐陰다 → ☐陰어서	먹다 食べる	→ 먹어서 食べて

＊「해서」は「하+여서」の縮約形です。

열심히 공부해서 100점을 땄습니다.　　一生懸命勉強して100点を取りました。
날씨가 좋아서 빨래를 많이 했습니다.　　天気がいいので洗濯をたくさんしました。
많이 먹어서 배가 부릅니다.　　　　　　たくさん食べたのでお腹がいっぱいです。

189　練習2　次の語に「-여서/아서/어서」を付けて書き、発音してみましょう。

(1) 많다　　　　　　　　　　　　(2) 입다
　　多い　_____　　　　着る　_____

(3) 잘하다　　　　　　　　　　　(4) 일어나다
　　上手だ　_____　　　起きる　_____

190　練習3　次のAとBを「-여서/아서/어서/」でつないで書き、発音してみましょう。

(1) A. 숙제가 많습니다.　宿題が多いです。
　　B. 놀러 못 갑니다.　遊びに行けません。　_____

(2) A. 옷을 많이 입었습니다.　服をたくさん着ました。
　　B. 좀 덥습니다.　ちょっと暑いです。　_____

(3) A. 노래를 잘합니다.　歌がうまいです。
　　B. 인기가 많습니다.　とても人気があります。　_____

(4) A. 늦게 일어났습니다.　寝坊しました。
　　B. 지각했습니다.　遅刻しました。　_____

3 ㅂ変則用言

語幹末にㅂパッチムがある用言の中には「-았/었」「-아서/어서」「-은」のように母音で始まる語尾が付く際、「ㅂ」が「우」に変わるものがあります。これを「ㅂ変則用言」といいます。

```
ㅂ+아 ┐
      ├→ 워    가깝다 近い+-아서    → 가까워서 近いので
ㅂ+어 ┘
              덥다 暑い+-었습니다  → 더웠습니다 暑かったです

ㅂ+으 → 우    맵다 辛い+-은 것    → 매운 것 辛いもの
```

✎ ㅂ変則用言の例はp.109にあります。

練習4 次のㅂ変則用言を過去の합니다形に変えて書き、発音してみましょう。

(1) 춥다 寒い　　　(2) 뜨겁다 熱い　　　(3) 어렵다 難しい

(4) 귀엽다 かわいらしい　(5) 즐겁다 楽しい　(6) 무섭다 怖い

練習5 AでBを修飾する句を書き、発音してみましょう。

(1) A. 춥다 寒い　B. 날 日

(2) A. 뜨겁다 熱い　B. 커피 コーヒー

(3) A. 어렵다 難しい　B. 문제 問題

(4) A. 귀엽다 可愛らしい　B. 강아지 小犬

(5) A. 즐겁다 楽しい　B. 여행 旅行

(6) A. 무섭다 怖い　B. 영화 映画

✎ ㅂ変則用言のうち「돕다 助ける」「곱다 きれいだ、きめ細かい」は、「아」で始まる語尾が付く際、「워」ではなく「와」になります。「으」が付く場合は他のㅂ変則用言と同様です。

곱다 → 손이 고왔습니다.　手がきれいでした。
　　　→ 고운 피부　　　きめ細かい肌

第19課　キムチチゲなんかはあまり食べられません

総合練習

🔊 194　1. 次の文を韓国語に訳し、発音してみましょう。

① 私は辛いものが大好きです
　（←すごく好みます）。

② 昨夜遅く寝たので、
　今朝(に)は早く起きられませんでした。

③ 今日のテストは難しくて
　半分しか解けませんでした。

④ 冬は寒くて嫌いだし、夏は暑くて嫌いです。

単語リスト

어젯밤 昨夜　　늦게 遅く
오늘 아침 今朝　일찍 早く
반 半分　　풀다 動 解く
싫다[실타] 形 嫌いだ
야채 野菜　　특히[트키] 特に
파 ネギ　　쓰다 形 苦い
독하다[도카다] 形 きつい
냄새 におい　　～ 때문에 ～のせいで
우엉 ゴボウ
아무 ～도 何の～も (⇒否定)
맛 味　　나다 動 (味が)する
싫어하다[시러--] 動 嫌う、苦手
그래도 それでも　　당근 ニンジン
무 大根　　양배추 キャベツ
시금치 ホウレンソウ
순하다[수나-] 形 素直だ

🔊 195　2. 次の文を声に出して読み、日本語に訳してみましょう。

　　저는 사실은 야채를 별로 좋아하지 않습니다. 특히 오이와 파 같은 것은 쓴 맛과 독한 냄새 때문에 못 먹습니다. 그리고 우엉과 같은 아무 맛도 안 나는 것도 싫어합니다. 당근과 무, 양배추, 시금치 같은 것은 냄새도 독하지 않고 맛이 순해서 잘 먹습니다.

3. あなたの苦手なものとその理由を韓国語で書き、声に出して読んでみましょう。

그림 단어장⑬　絵で覚える単語帳⑬　　형용하는 말Ⅲ　形容する言葉Ⅲ

（ㅂ変則用言）

🔊 196

맵다 辛い	싱겁다 味が薄い	덥다 暑い	춥다 寒い

어렵다 難しい	쉽다 易しい	뜨겁다 熱い	차갑다 冷たい

밉다 憎たらしい	귀엽다 可愛らしい	아름답다 美しい	즐겁다 楽しい

부드럽다 柔らかい	아쉽다 残念だ	무섭다 怖い	시끄럽다 うるさい

第19課　キムチチゲなんかはあまり食べられません

第20課 卒業したら中学の先生になりたいです
―将来の目標を語る

🔊 197 会話
🔊 198 意味の確認

졸업하면 중학교 선생님이 되고 싶습니다.
그래서 지금은 교직 과목을 열심히 듣고 있습니다.
그리고 한국어도 살리고 싶습니다.
제 꿈은 선생님이 되어서 한국 학교와의 교류를
 촉진시키는 것입니다.

卒業したら中学の先生になりたいです。
だから今は教職科目を一生懸命履修しています。
それから、韓国語も活かしたいです。
私の夢は先生になって、韓国の学校との交流を
 促進することです。

語句

졸업하면 ← 졸업하다〈卒業--〉[조러파-] 動 卒業する+-면 尾 (す)れば、(し)たら
중학교〈中學校〉名 中学校
~이 되고 싶습니다 ← ~이 되다 動 ~になる+-고 싶다 形 (し)たい+-습니다
그래서 副 だから、なので　　지금〈只今〉副 今　　교직〈教職〉名　　과목〈科目〉名
열심히〈熱心-〉[-씨미] 副 一生懸命
듣고 있습니다 ← 듣다 動 聞く、(授業を)とる+-고 있다 存 (し)ている+-습니다
살리고 싶습니다 ← 살리다 動 活かす+-고 싶다 形 (し)たい+-습니다
꿈 名 夢　　~이 되어서 ← ~이 되다 動 ~になる+-어서　　~의[에] 助 ~の
교류〈交流〉名　　촉진시키는 ← 촉진시키다〈促進--〉 動 促進する+-는 尾 {連体形}

学習のポイント

1 希望表現　-고 싶다 (し)たい　　　　　　　　　　　　　単純型　🔊 199

　動詞の語幹に「-고 싶다」を付けたあと、「-다」を「-습니다 -です」「-고 (だ)し」「-지만 (だ)けど」などの語尾に付け替えます。現在連体形にする場合は「-은」を付けます。

> 全 다 → 全 고 싶다
> 　가다 行く　→ 가고 싶다 行きたい → 가고 싶습니다　行きたいです
> 　먹다 食べる → 먹고 싶다 食べたい → 먹고 싶고　　　食べたいし
> 　알다 知る　→ 알고 싶다 知りたい → 알고 싶은 것　　知りたいこと

내일은 미술관에 가고 싶습니다.　　明日は美術館に行きたいです。

삼계탕도 먹고 싶고 삼겹살도 먹고 싶습니다.
　　　　　　　　　サンゲタンも食べたいし、サンギョプサルも食べたいです。

알고 싶은 것이 많습니다.　　　　知りたいことがたくさんあります。

✏ 日本語の場合、例えば「映画**を**見る」を希望表現にすると「映画**が**見たい」のように助詞が「を」から「が」に変わりますが、韓国語では「영화를 보고 싶다」「영화가 보고 싶다」の両方を使うことが出来ます。

練習1 次の文を使って「(し)たいです」という文を韓国語で書き、発音してみましょう。　🔊 200

(1) 노래를 듣다 歌を聞く　＿＿＿＿＿＿＿＿＿＿

(2) 메일주소를 알다 メールアドレスを知る　＿＿＿＿＿＿＿＿＿＿

(3) 선물을 보내다 プレゼントを送る　＿＿＿＿＿＿＿＿＿＿

(4) 사진을 찍다 写真を撮る　＿＿＿＿＿＿＿＿＿＿

練習2 今あなたがしたいこと、今後あなたがしたいことを書き、発音してみましょう。

🔊 201 **2** 進行表現 -고 있다 (し)ている　　　　　　　　　［単純型］

動詞の語幹に「-고 있다」を付けたあと、「-다」を「-습니다 -ます」「-고 (する)し」「-지만 (する)けど」などの語尾に付け替えます。現在連体形にする場合は「-는」を付けます。

```
全 다 → 全 고 있다
보다 見る  → 보고 있다 見ている → 보고 있습니다  見ています
먹다 食べる → 먹고 있다 食べている → 먹고 있고   食べているし
알다 知る  → 알고 있다 知っている → 알고 있는것  知っていること
```

지금 재미있는 프로를 보고 있습니다.　今、おもしろい番組を見ています。
승기는 밥을 먹고 있고 연아는 숙제를 하고 있습니다.
　　　　　　　　　　スンギはご飯を食べているし、ヨナは宿題をしています。
알고 있는 사실은 다 이야기했습니다.　知っている事実はすべて話しました。

✐ 日本語の場合、現在のことは必ず「(し)ている」を使って言い表わしますが、韓国語では、「-고 있다」を使わなくても現在のことを表現できます。従って、「-고 있다」は「今現在」「このところ」「～している最中だ」というニュアンスを込めたいときに使います。

🔊 202 練習3　次の文を進行表現の합니다形に変えて書き、発音してみましょう。

(1) 지금 한국어를 공부하다　いま韓国語を勉強する　　＿＿＿＿＿＿＿＿＿

(2) 지금은 언니와 같이 살다　いまは姉と一緒に住む　　＿＿＿＿＿＿＿＿＿

(3) 아까부터 지갑을 찾다　　さっきから財布を探す　　＿＿＿＿＿＿＿＿＿

(4) 요즘 운전학원에 다니다　最近、自動車学校に通う　＿＿＿＿＿＿＿＿＿

練習4　最近あなたがしていることを書き、発音してみましょう。

112
백십이
第20課　将来の目標を語る

3 転成表現　～가/이 되다　～になる　🔊 203

```
□가 되다   친구 友達 → 친구가 되다 友達になる
□이 되다   봄 春   → 봄이 되다  春になる
```

한국 사람과 친구가 되고 싶습니다.　韓国人と友達になりたいです。
어느새 봄이 되었습니다.　　　　　　いつの間にか春になりました。

練習5　次の文を「～になりました」という意味の文に変えて書き、発音してみましょう。　🔊 204

(1) 벌써 점심시간입니다.　　　もう昼休みです。

_____

(2) 윤지가 학교 대표입니다.　　ユンジが学校の代表です。

_____

(3) 누나는 보육원 선생님입니다.　姉は保母です。

_____

練習6　「～가/이 되고 싶습니다」を使ってあなたの将来の希望を韓国語で書き、発音してみましょう。

4 関連付けの助詞　～의　～の　🔊 205

　一般的に韓国語では日本語の「～の」にあたる助詞をあまり使いませんが、抽象的な関係や複雑な関係にある語句、間に他の助詞が必要な語句、固有名詞どうしを関連付ける場合などに「～의」という助詞が使われます。この場合、「의」は [에] と発音されます。

　사랑의 선물　　　　　　　愛のプレゼント
　나만의 비밀　　　　　　　私だけの秘密
　하카타대학교의 오가와입니다.　博多大学の小川です。

113
백십삼
第20課　卒業したら中学の先生になりたいです

🔊 206 **5** 条件を表す接続語尾 -면/으면 (す)れば, (し)たら　　　받침有無型

「AすればBします」「AしたらBしてください」のような文で使われます。過去形で終る文では、あまり使われません。

□다 → □면	가다 行く → 가면 行けば
ㄹ다 → ㄹ면	살다 住む → 살면 住めば
▨다 → ▨으면	먹다 食べる → 먹으면 食べれば

한국에 가면 먼저 비빔밥을 먹고 싶습니다.
　　　　　　　　　韓国に行ったら、まずビビンバが食べたいです。
오래 살면 고향.　　　長く住めば故郷。(→住めば都)
고기를 먹으면 힘이 납니다.　肉を食べると元気が出ます。

🔊 207　練習7　二つの文を「AすればB(합니다形)」のようにつないで書き、発音してみましょう。

(1) A. 10시가 되다 10時になる　B. 시작하다 始める
　_____

(2) A. 집에서 만들다 家で作る　B. 경제적이다 経済的だ
　_____

(3) A. 시간이 없다 時間がない　B. 택시를 타다 タクシーに乗る
　_____

(4) A. 창문을 열다 窓を開ける　B. 산이 보이다 山が見える
　_____

(5) A. 출석만 하다 出席だけする　B. 문제 없다 問題ない
　_____

🔊 208　練習8　次の語句に続けて、あなたの希望を韓国語で書き、発音してみましょう。

(1) 졸업하면 卒業したら　_____

(2) 한국에 가면 韓国に行ったら　_____

(3) 1억 엔이 당첨되면 1億円が当たったら　_____

総合練習

1. 次の文を韓国語に訳し、発音してみましょう。

   ① 卒業したら韓国の大学に留学したいです。

   ② 将来、国際交流関係の仕事に就きたいです。
   （→〜関連の仕事をしたい）

   ③ 日韓の架け橋になりたいです。

   ④ 韓国に留学したら、友達をたくさん作って、
   韓国についてたくさん教えて
   もらいたいです。

単語リスト

유학 가다 動 留学する
앞으로 今後、将来　　국제교류 国際交流
관련 関連、関係　　일 仕事、こと
한일간 日韓間　　가교 架け橋
〜에 대해 〜について
배우다 動 教えてもらう
취업활동 就職活動　　시작되다 動 始まる
여행사 旅行社　　취직하다 動 就職する
업계 業界　　〜에 관한 〜 〜に関する
강의 講義　　통역안내원 通訳ガイド
자격증[-쯩] 資格証
따다 動 (資格を)取る　　목표 目標
세계 世界　　여러 나라 いろいろな国
정성껏 誠心誠意、真心で
모시다 動 おもてなしする

2. 次の文を声に出して読み、日本語に訳してみましょう。

　3학년 겨울이 되면 취업활동이 시작됩니다. 저는 여행사에 취직하고 싶습니다. 그래서 지금 여행 업계에 관한 강의를 많이 듣고 영어와 한국어도 열심히 공부하고 있습니다. 그리고 통역안내원 자격증도 따고 싶습니다. 제 목표는 세계 여러 나라 사람들을 일본에 정성껏 모시는 일입니다.

3. あなたの将来の希望や目標について韓国で書き、声に出して読んでみましょう。

그림 단어장⑭ 絵で覚える単語帳⑭　　직업Ⅱ　職業Ⅱ

경찰관	소방관	자위관

가수	댄서	개그맨

배우	만화가	건축가

디자이너	프로그래머	객실승무원

그림 단어장⑮　絵で覚える単語帳⑮　　　업계 業界

상사 〈商社〉　　　신문사 〈新聞社〉 　　　방송사 〈放送社〉

출판사 〈出版社〉 　　　여행사 〈旅行社〉 　　　항공사 〈航空社〉

철도회사 〈鐵道會社〉 　　　무역회사 〈貿易會社〉 　　　건설회사 〈建設會社〉

유통업계 〈流通業界〉 　　　아이티기업 〈IT企業〉 　　　제조업체 〈製造業體〉

付　録　学習のポイントのまとめ

1. 発音のルール

(1) 無声子音の有声音化（濁り音化）　☞p.18, p.33

　　저고리[chɔgori] チョゴリ　　지도[chido] 地図　　아버지[abɔji] 父

　　한국[hanguk] 韓国　　일본[ilbon] 日本　　남자[namja] 男

(2)「의」の発音

　　a. [ui]　의자[의자] 椅子　☞p.28

　　b. [i]　편의점[펴니점] コンビニ　　희다[히다] 白い　☞p.28

　　c. [e]　〜의[에] 〜の　☞p.113

(3) 連音　☞pp.36-37

　　a. 단어[다너] 単語　　한국어[한구거] 韓国語

　　b. 강아지[kaŋji] 小犬　　중앙[chuŋaŋ] 中央

　　c. 놓아서[노아-] 置いて　　많은 것[마는걷] たくさんの物

　　d. 없어서[업서-] なくて　　젊은 사람[절믄사람] 若い人

(4)「ㅎ」と「ㄱ,ㄷ,ㅂ,ㅈ」の一体化（激音化）　☞p.37

　　축하[추카] 祝賀　　많지만[만치만] 多いけれど

(5) 二重パッチム　☞p.37

　　여덟[여덜] 八つ　　없다[업다] ない

(6)「ㅎ」の弱音化　☞p.38

　　만화[마놔] 漫画　　열심히[열시미] 一生懸命

(7)「ㄹ」の[ㄴ]化（流音化）　☞p.38

　　일년[일련] 一年　　연락[열락] 連絡

(8) 消えるパッチムの響くパッチム化（鼻音化）　☞p.38

　　한국 노래[한궁노래] 韓国の歌　　〜입니다[임니다] 〜です

(9) [ㄴ]挿入　☞p.39

　　부산역[산녁] 釜山駅　　서울역[서울녁] → [서울력] ソウル駅

　　한국 여행[한국녀앵] → [한궁녀앵] 韓国旅行

(10) 濃音化

　　a. 漢字熟語で「ㄹ」パッチムの後に「ㄷ, ㅅ, ㅈ」が続く場合

　　　　활동[활똥] 活動　　　출석[출썩] 出席　　　발전[발쩐] 発展

　　b. 2つの単語が1単語(合成語)になった場合

　　　　김밥[김빱] のり巻　　다음 주[다음쭈] 来週　　봄 방학[봄빵악] 春休み

　　c. 「과〈科〉」「자〈字〉」「법〈法〉」など特定の漢字の読み

　　　　영문과[영문꽈] 英文科　　한자[한짜] 漢字　　문법[문뻡] 文法

2. 語彙と表現

(1) 一人称代名詞　☞p.45, p.58

目上の人の前で	저 わたくし	제 わたくしの〜	제가 わたくしが
同年輩・年下の前で	나 僕・わたし	내 僕・わたしの〜	내가 僕・わたしが

(2) 否定と不可能

　　a. 反対語による否定

　　　　〜이다 〜である　⇔　아니다 違う
　　　　있다 ある・いる　⇔　없다 ない・いない
　　　　알다 知る・分かる ⇔　모르다 知らない・分からない

　　b. 否定副詞 안　☞p.100　☞p.123 d. ⑤

　　　　갑니다 行きます　　　⇔ 안 갑니다 行きません
　　　　먹습니다 食べる　　　⇔ 안 먹습니다 食べません
　　　　공부합니다 勉強します ⇔ 공부 안 합니다 勉強しません

　　c. 不可能副詞 못　☞p.105

　　　　갑니다 行きます　　　⇔ 못 갑니다 行けません
　　　　먹습니다 食べます　　⇔ 못 먹습니다[몬먹습니다] 食べられません
　　　　공부합니다 勉強します ⇔ 공부 못 합니다[--모탑니다] 勉強できません

(3) 数詞と単位名詞

　　a. 漢字語数詞：小数点、マイナスから膨大な数まで様々な数値に用いられます。☞p.39, p.51

一	二	三	四	五	六	七	八	九	十	百	千	万	億	兆	零・ゼロ	点
일	이	삼	사	오	육	칠	팔	구	십	백	천	만	억	조	영공	점

金額	百ウォン：백 원	2千円：이천 엔	1万ドル：만 달러

年月日　1945年8月15日：천구백사십오년 팔월 십오일

分・秒　2分30秒：이분 삼십초

学年　1年生：일학년　2年生：이학년　3年生：삼학년　4年生：사학년

番号　090-1234-5678：공구공의 일이삼사의 오육칠팔
　　　　305号室：삼백오호실　　13年度入学：일삼학번

数量　3kg：삼 킬로그램　5.5km：오 점 오 킬로미터　28度：이십팔 도

点数　10点：십 점　75点：칠십오 점　100点：백 점　cf. 0点：빵 점

II. 固有語数詞：身の回りの比較的小さな整数を数える際に用いられます。　☞p.51, p.57
　　　　大きな数は漢字語数詞を使うことが多くなります。

一つ	二つ	三つ	四つ	五つ	六つ	七つ	八つ	九つ	十
하나	둘	셋	넷	다섯	여섯	일곱	여덟	아홉	열
〈한〉	〈두〉	〈세〉	〈네〉	※単位名詞を付ける際は〈　〉内の形に。					
二十		三十	四十	五十	六十	七十	八十	九十	
스물〈스무〉		서른	마흔	쉰	예순	일흔	여든	아흔	

年齢　1歳：한 살　15歳：열다섯 살　20歳：스무 살　22歳：스물두 살

人数　1人：한 명　3人：세 명　10人：열 명　25人：스물다섯 명

個数　1つ：하나　2つ：두 개　7つ：일곱 개　cf. 20個：이십 개　100個：백 개

匹数　1匹：한 마리　4匹：네 마리　9匹：아홉 마리　cf. 101匹：백 한 마리

時　　1時：한시　6時：여섯시　11時：열한시　cf. 24時：이십사시

※ 固有語数詞に付くその他の単位数詞

紙・布：〜 장〈張〉　コップ・杯：〜 잔〈盞〉　瓶：〜 병〈瓶〉　機械類：〜 대〈臺〉

箱：〜 박스　列・筋：〜 줄　歌・曲：〜 곡〈曲〉　映画・ドラマ：〜 편〈編〉

🖉 時間について

・「〜時」は固有語数詞で、「〜分」は漢字語数詞で表します。

　　1時10分 한시 십분　　3時30分 세시 삼십분　　5時5分 다섯시 오분

・「오전 午前」「오후 午後」「반 半」「전 前」を加えれば様々な時間が表現できます。

　　午前7時半 오전 일곱시 반　　午後3時10分前 오후 세시 십분 전

3. 文法

(1) 助詞

機能	語末のパッチム 無	語末のパッチム ㄹ	語末のパッチム 有	意味
主題 ☞p.46	~는	~은		~は
引用 ☞p.47	~라고	~이라고		~と
主語 ☞p.58	~가	~이		~が
場所・時 ☞p.59	~에			~に
追加 ☞p.60	~도			~も
対象 ☞p.73	~를	~을		~を
場所 ☞p.74	~에서			~で
手段・方法 ☞p.75	~로		~으로	~で
限定 ☞p.76	~만			~だけ
羅列 ☞p.81	~와	~과		~と
比較の基準 ☞p.84	~보다			~より
時間始点 ☞p.97	~부터			~から
期限・範囲 ☞p.97	~까지			~まで
予想以下 ☞p.101	~밖에			~しか
関連付け ☞p.113	~의			~の

✎ 上の表に該当しない例

~를/을 좋아하다　　~が好きだ(~を好む)　　☞p.82

~가/이 되다　　　　~になる　☞p.113

~를/을 만나다　　　~に会う

~를/을 가다　　　　~に行く(旅行・研修など)

(2) 用言と語尾

a. 韓国語の「用言」とは日本語の「用言」

韓国語の用言		日本語の用言	
動詞	가다　먹다	行く　食べる	動詞
存在詞	있다	ある　いる	
	없다　맛있다	ない　おいしい	形容詞
形容詞	예쁘다　어렵다	かわいい　難しい	
	유명하다	有名だ	形容動詞
指定詞	아니다	(〜では)ない　違う	助動詞・動詞
	〜이다	〜だ	助動詞

b. 基本形・活用形・語幹・語尾

韓国語の用言の「基本形」はすべて「-다」という「語尾」で終わります。

「-다」を除いた部分を「語幹」と言い、「-다」を「-ㅂ니다/습니다」「-고」「-지만」など他の「語尾」に付け替えたものを「活用形」と呼びます。

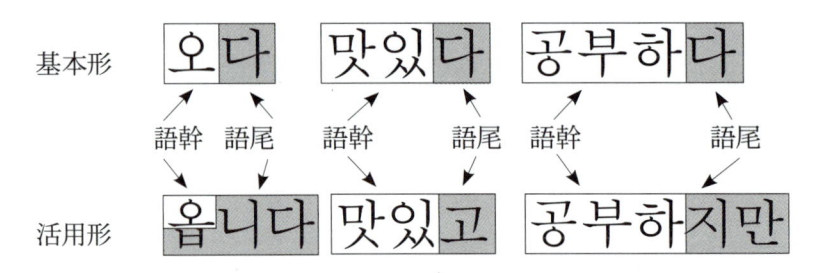

基本形　　오|다　　맛있|다　　공부하|다
　　　　　↗　↖　　↗　　↖　　↗　　↖
　　　　語幹 語尾　語幹　語尾　語幹　　語尾
　　　　　↘　↙　　↘　　↙　　↘　　↙
活用形　　옵|니다　맛있|고　　공부하|지만

✎ 用言は語幹と語尾で成り立っているため、語幹または語尾だけを示す際は「-」という印を使って、その左には語幹、右には語尾が必要であることを表しています。

c. 語尾活用の3タイプ

받침有無型　語幹末にパッチムが有るか無いかで語尾の形が変わる活用のタイプ。

陰陽型　語幹最後の母音が陽母音(ㅏとㅗ)か陰母音(ㅏ・ㅗ以外)かで語尾の形が変わる活用のタイプ。なお「(〜)하다」は陽母音語幹ではなく特別の形になる。

単純型　語幹末のパッチムの有無、語幹最後の母音の陰陽により語尾の形が変わらない活用のタイプ。

✎ **받침有無型**と**単純型**の活用では語幹末の「ㄹ」が脱落する場合があり、これを〈ㄹ脱落〉と記しています。

d. 本書で学習した語尾・表現

① 丁寧形 (합니다形) の語尾　(し)ます、です　☞p.65　【받침有無型〈ㄹ脱落〉】

パ無語幹　+ㅂ니다	보다 見る　→ 봅니다 見ます
ㄹ語幹 ㄹ+ㅂ니다	만들다 作る → 만듭니다 作ります
パ有語幹　+습니다	먹다 食べる → 먹습니다 食べます

② 並列の接続語尾　-고　(く)て、(する)し　p.67　【単純型】

全語幹+-고
보다 見る → 보고 見て　　먹다 食べる → 먹고 食べるし

③ 逆接の接続語尾　-지만　(する)が、(い)けれど　p.68　【単純型】

全語幹+-지만
보다 見る → 보지만 見るけれど　　먹다 食べる → 먹지만 食べるけれど

④ 過去形　-였/았/었-　☞p.88〜90　【陰陽型】

하다 → 했습니다	하다 する　→ 했습니다 しました
陽語幹+-았습니다	보다 見る　→ 〈보았습니다〉→봤습니다 見ました
陰語幹+-었습니다	먹다 食べる → 먹었습니다 食べました

⑤ 否定表現　-지 않다　(し)ない、(く)ない　☞p.83　【単純型】

全語幹+-지 않다
보다 見る → 보지 않다 見ない　먹다 食べる → 먹지 않다 食べない

⑥ 行き来の目的を表す接続語尾　-러/으러　(し)に　☞p.92　【받침有無型】

母音語幹+-러	사다 買う　→ 사러 가다 買いに行く
ㄹ語幹　+-러	놀다 遊ぶ　→ 놀러 오다 遊びに来る
子音語幹+-으러	먹다 食べる → 먹으러 다니다 食べに歩く

⑦ 現在連体形

　A. 動詞・存在詞の現在連体形語尾　☞p.98　　【単純型〈ㄹ脱落〉】

母音語幹　+-는	보다 見る　→ 보는 사람 見る人
ㄹ語幹 ㄹ⇩ +-는	살다 住む　→ 사는 사람 住んでいる人
子音語幹　+-는	먹다 食べる→ 먹는 사람 食べる人

　B. 形容詞・指定詞の現在連体形語尾　☞p.99　　【받침有無型〈脱落〉】

母音語幹　+-ㄴ	예쁘다 かわいい→ 예쁜 방 かわいい部屋
ㄹ語幹 ㄹ⇩ +-ㄴ	멀다 遠い　　→ 먼 곳 遠い所
子音語幹　+-은	젊다 若い　　→ 젊은 사람 若い人

⑧ 原因・先行動作の語尾　-여서/아서/어서　（し）て、（し）たので　☞p.106　【陰陽型】

하다→해서	하다 する　　　　　→ 해서 して
陽語幹+-아서	많다 多い　　　　　→ 많아서 多くて
陰語幹+-어서	마시다 飲む →〈마시어서〉→ 마셔서 飲んだので

⑨ 希望表現　-고 싶다　（し）たい　☞p.111　【単純型】

| 全語幹+-고 싶다 | 보다 見る　→ 보고 싶다 見たい |
| | 먹다 食べる → 먹고 싶다 食べたい |

⑩ 進行表現　-고 있다　（し）ている　☞p.112　【単純型】

| 全語幹+-고 있다 | 보다 見る　→ 보고 있다 見ている |
| | 먹다 食べる → 먹고 있다 食べている |

⑪ 条件の接続語尾　-면/으면　（す）れば、（し）たら　☞p.114　【받침有無型】

母音語幹 +-면	보다 見る　→ 보면 見れば
ㄹ語幹　+-면	만들다 作る→ 만들면 作れば
子音語幹 +-으면	먹다 食べる → 먹으면 食べれば

e. 変則用言 (参考)

　　語幹末に同じパッチムがあっても、活用規則どおりに活用する用言と、そうでない用言がある場合、前者を規則用言、後者を変則用言と呼びます。本書で扱った用言のうち変則用言であるものについて以下に簡単にまとめます。

---

① ㄷ変則： 陰陽型 と 受침有無型 で「ㄷ」パッチムが「ㄹ」パッチムに変わる

　듣다 聞く　　듣+어서　　→ 들어서 聞いて
　　　　　　　 듣+었습니다 → 들었습니다 聞きました
　　　　　　　 듣+으면　　 → 들으면 聞けば

✏️ 規則用言：받다 受け取る→받아서 受け取って　받으면 受け取れば

---

② 르変則： 陰陽型 で「르」が「ㄹㄹ」になる

　모르다 知らない　모르+아서　　→ 몰라서 知らなかったので
　　　　　　　　　모르+았습니다→ 몰랐습니다 知りませんでした
　부르다 呼ぶ　　　부르+어서　　→ 불러서 呼んで
　　　　　　　　　부르+었습니다→ 불렀습니다 呼びました

✏️ 規則用言(으語幹用言)：따르다 従う→따라서 従って

---

③ 러変則： 陰陽型 で「르」+「어」が「르러」になる

　푸르다 青い　푸르+어서　　→ 푸르러서 青かったので
　　　　　　　푸르+었습니다→ 푸르렀습니다 青かったです

---

④ ㅂ変則： 陰陽型 と 受침有無型 で「ㅂ」パッチムが「ㅜ」に変わる ☞p.107, p.109

　어렵다 難しい　어렵+었습니다 → 어려웠습니다 難しかったです
　　　　　　　　어렵+면　　　 → 어려우면 難しければ
　고맙다 ありがたい　고맙+어서　→ 고마워서 ありがたくて

✏️ 規則用言：입다 着る→입어서 着たので　입으면 着れば

単語リスト（韓国語→日本語）

本文の語句および単語リストで使用した品詞等記号

[名] 名詞　[代名] 代名詞　[依名] 依存名詞　[漢数] 漢字語数詞　[固数] 固有語数詞
[単名] 単位名詞〔漢数＋〕漢字語数詞に付ける　〔固数＋〕固有語数詞に付ける
[間] 間投詞　[接] 接続詞　[副] 副詞　[連体] 連体詞　[辞] 接尾辞　[助] 助詞
[動] 動詞　[形] 形容詞　[存] 存在詞　[指] 指定詞　[ㅂ形] ㅂ変則形容詞
[ㄷ動] ㄷ変則動詞　[르動] 르変則動詞　[러形] 러変則形容詞
[補幹] 補助語幹　[尾] 語尾
[人] 人名　[地] 地名　[a] アルファベット　[句] 決まり文句、塊として覚えるべきもの

※複数の要素が連なった句は、文中で活用する際に必要な情報として、最後の要素が用言である場合はその用言の品詞を、体言である場合は、その句全体が文中で果たす役割に相当する品詞を示しました。
※〈　〉[　]（　）｛　｝などのカッコについての説明はp.ivを参照してください。

ㄱ

~가 [助] ~が{主語} ☞ p.58
~가 되다 [動] ~になる ☞ p.113
가격〈價格〉[名] 価格、値段
가교〈架橋〉[名] 架け橋
가깝다 [ㅂ形] 近い ☞ p.107
가다 [動] 行く
가방 [名] カバン
가수〈歌手〉[名] 歌手
가위 [名] ハサミ
가을 [名] 秋
가족〈家族〉[名] 家族
가지다 [動] 持つ、取る
간〈間〉[名] ~間、あいだ
간식〈間食〉[名] おやつ
간장〈醬〉[名] 醤油
간호사〈看護師〉[名] 看護師
갈비 [名] カルビ、あばら肉
갈비탕〈--湯〉[名] カルビスープ
갈아입다 [動] 着替える
감사합니다. [句] 有難うございます ☞ p.17
값 [갑] [名] 値段
갔다 오다 [動] 行ってくる
강아지 [名] 小犬、ワンちゃん
강의〈講義〉[名] 講義

같다 [形] ①同じだ　②~のようだ
같은 것 [句] ~のようなもの、~なんか ☞ p.104
같이 [가치] [副] 一緒に
개 [名] 犬
~개〈個〉[単名]〔固数＋〕~つ、~個 ☞ p.57
개그맨〈gag man〉[名] お笑い芸人
객실승무원〈客室乘務員〉[名] 客室乗務員
건물〈建物〉[名] 建物
건설회사〈建設會社〉[名] 建設会社
건축가〈建築家〉[名] 建築家
걷다 [ㄷ動] 歩く ☞ p.125
걸리다 [動] かかる
걸어서 [句] 歩いて ☞ 걷다
것 [依名] もの、こと
게임〈game〉[名] ゲーム
-겠습니다 -いたします{謙譲意志}
겨울 [名] 冬
결혼〈結婚〉[겨론] [名] 結婚
경리학원〈經理學院〉[-ㄴ-] [名] 経理学校
경우〈境遇〉[名] 場合
경찰관〈警察官〉[名] 警察官
경험〈經驗〉[名] 経験
계란〈鷄卵〉[名] 卵
계절〈季節〉[名] 季節
계속〈繼續〉[副] ずっと
-고 [尾] (する)し、-し{並列} ☞ p.67

-고 싶다 形 (し)たい{希望} ☞ p.111
-고 있다 存 (し)ている{進行} ☞ p.112
고기 名 肉、焼き肉
고등학교〈高等學校〉名 高校
고등학생〈高等學生〉名 高校生
고마워요. 句 ありがとう。 ☞ p.17
고양이 名 ネコ
고추 名 唐辛子
고향〈故郷〉名 ふるさと、出身地
곡〈曲〉名 曲
곱다 ㅂ形 きれいだ、きめ細かい ☞ p.107
곳 名 ところ
공〈空〉漢数 ゼロ
공무원〈公務員〉名 公務員
공부하다〈工夫-->〉動 勉強する
～과 助 ～と ☞ p.81
～과 같이 [가치] 句 ～と一緒に
과〈科〉[꽈] 名 学科
과목〈科目〉名 科目
과일 名 果物
과자〈菓子〉名 菓子
관련〈關連〉[괄-] 名 関連、関係
관한～〈關-〉[과난] 句 関する～
괜찮다 [-찬타] 形 大丈夫だ、構わない
괜찮아요. [-차나-] 句 大丈夫です、構いません ☞ p.23
교과서〈敎科書〉名 教科書
교류〈交流〉名 交流
교수〈敎授〉名 教授、大学の先生
교수님〈敎授-〉名 先生（大学の先生に対する尊称）
교실〈敎室〉名 教室
교외〈郊外〉名 郊外
교직〈敎職〉名 教職
교통〈交通〉名 交通
교통 수단〈交通手段〉名 交通手段
구〈九〉漢数 九、9 ☞ p51
구경하다〈求景-->〉動 見物する、見学する
구단〈球團〉名 球団
구름 名 雲
구월〈九月〉名 9月
국 名 スープ
국물 [궁-] 名 スープ、おつゆ、汁

국밥 名 クッパ(ご飯入りスープ)
국제교류〈國際交流〉名 国際交流
국제문화학부〈國際文化學部〉名 国際文化学部
귀 名 耳
귀엽다 ㅂ形 可愛らしい
규모〈規模〉名 規模
그 ～ 連体 その～
그것 代名 それ
그때 名 その時
그래서 副 ①だから ②それで、そうして
그런데 副 ①でも ②ところで
그럼 副 じゃあ、では
그렇습니다. 句 そうです。
그리고 副 そして
그리다 動 描く
그림 名 絵
근처〈近處〉名 近所、近く
금요일〈金曜日〉名 金曜日
기간〈期間〉名 期間
기다리다 動 待つ
기름 名 油、ガソリン
기쁘다 形 嬉しい
기숙사〈寄宿舍〉名 寄宿舎、寮
기타〈guitar〉名 ギター
길다 形 長い
김 名 海苔
김〈金〉人 金
김밥 名 キンパプ、のり巻
김치 名 キムチ
～까지 助 ～まで ☞ p.97
까치 名 カササギ
깨 名 ゴマ
깨끗하다 [-끄타-] 形 (汚れがなく)きれいだ
꽃 名 花
꿈 名 夢
끝나다 [끈--] 動 終わる

ㄴ

-ㄴ 尾 〔形容詞＋〕{現在連体形} ☞ p.99
나 代名 僕、わたし(同年輩、年下の前で)
나가다 動 出て行く、出る
나다 動 ①出る ②(においが)する

나라 名 国
나물 名 ナムル(野菜の和え物)
나오다 動 出て来る
나이 名 歳(年齢)
나이프 〈knife〉 名 ナイフ
날 名 日
날씨 名 天気
남다 [-따] 動 残る
남동생 〈男同生〉 名 弟
남자 〈男子〉 名 男、男性、男の人
남자 친구 〈男子 親舊〉 名 ボーイフレンド、彼氏
낮 名 昼
내다 動 出す
내일 〈來日〉 名 明日
냄새 名 におい
냉면 〈冷麵〉 名 冷麺
냉장고 〈冷藏庫〉 名 冷蔵庫
너무 副 あまりに、すごく
너무너무 副 ものすごく
네 間 はい、ええ ☞ p.2
네 ~ 固数 四つの~、4~ ☞ p.51
넷 固数 四つ ☞ p.51
~년 〈年〉 単名 〔漢数+〕~年 ☞ p.51
~년생 〈年生〉 単名 〔漢数+〕~年生まれ ☞ p.51
노래 名 歌
노래방 名 カラオケボックス
노래하다 動 歌を歌う
노트 〈note〉 名 ノート
놀다 動 ①遊ぶ ②(学校や店が)休みだ
놀이공원 〈--公園〉 名 遊園地
농구 〈籠球〉 名 バスケットボール
누구 代名 誰
누나 名 ①姉(←弟) ②先輩(男性が年上の女性に) ☞ p.40
눈 名 雪
뉴스 〈news〉 名 ニュース
느긋하다 [-그타-] 形 ゆったりしている
~는 助 ~は{主題} ☞ p.46
-는 尾 〔動詞+〕{現在連体形} ☞ p.52, p.98
늦게 副 遅く

ㄷ

다 副 全部、すべて、みんな
다니다 動 通う
다리 名 脚(太腿からくるぶしまでの部分)
다섯 固数 五つ ☞ p.51
다시 副 もう一度
다양하다 〈多樣-〉 形 多様だ、様々だ
다음 주 [--쭈] 名 来週
단어 〈單語〉 名 単語
단어장 〈單語帳〉[--짱] 名 単語帳
달 名 月
당근 名 ニンジン
당첨되다 〈當籤--〉 動 当選する、(くじが)当る
당황하다 〈唐慌-〉 動 慌てる
대표 〈代表〉 名 代表
대학 〈大學〉 名 大学、学部
대학교 〈大學校〉 名 大学
대학생 〈大學生〉 名 大学生
(~에) 대해 (~に)ついて
댄서 〈dancer〉 名 ダンサー
댄스 〈dance〉 名 ダンス
더 副 より、もっと、~のほう(が)
더블유 [떠-류] 固 W
덥다 ㅂ形 暑い ☞ p.107
~도 助 ~も{追加} ☞ p.60
도로 〈道路〉 名 道路
도서관 〈圖書館〉 名 図書館
도시 〈都市〉 名 都市
도시락 名 弁当
도중 〈途中〉 名 途中
도중에 〈途中-〉 句 途中で
도쿄 名 東京
독서 〈讀書〉 名 読書
독하다 〈毒-〉[도카-] 形 きつい
돈가쓰카레 名 カツカレー
돕다 ㅂ動 助ける ☞ p.107
동생 〈同生〉 名 弟、妹
동아리 名 サークル
~ 동안 依名 ~の間(期間)
동작 〈動作〉 名 動作
돼지 名 ブタ
돼지곰탕 〈--湯〉 名 豚骨スープ
되다 動 なる

된장⟨-醬⟩ 名 味噌
두 ~ 固数 二つの~、2~ ☞ p.51
두 번⟨-番⟩ 副 2度、2回
두부⟨豆腐⟩ 名 豆腐
둘 固数 二つ ☞ p.51
뒤 名 後ろ
드라마⟨drama⟩ 名 ドラマ
드라이브⟨drive⟩ 名 ドライブ
듣는 것 [든는걷] 名 聞くこと
듣다 ㄷ動 ①聞く ②(授業を)受ける ☞ p.125
~들 辞 ~たち
들으세요. 句 聞いてください。
들어오다 動 ①入ってくる ②帰ってくる
디 a) D
디자이너⟨designer⟩ 名 デザイナー
따다 動 (資格・点を)取る
따뜻하다 [-뜨타-] 形 暖かい
따라 하세요. 句 後について言ってください。
때 名 時
~ 때문에 句 ~のせいで
떡국 名 トック(餅スープ)
떡볶이 名 トッポッキ(ピリ辛餅炒め)
떨어지다 動 落ちる、切らす、なくなる
또 副 ①また ②ほかに
뜨겁다 ㅂ形 熱い

ㄹ

~라고 합니다 句 ~といいます ☞ p.47
라면 名 ラーメン
라이온즈 名 ライオンズ
-러 尾 (し)に ☞ p.92
레스토랑⟨restaurant⟩ 名 レストラン
~로 助 ~で{手段・方法} ☞ p.75
로맨틱하다⟨romantic--⟩ 形 ロマンチックだ
~를 助 ①~を ☞ p.73 ②~に(타다、만나다)
~를 가다 動 (旅行・買い物・研修)に行く

ㅁ

~마리 単名 [固数+] ~匹 ☞ p.57
마시다 動 飲む

마지막 名 最後
마치겠습니다. 句 終わります。
마트⟨mart⟩ 名 スーパーマーケット
마흔 固数 四十 ☞ p.51
막내 [망-] 名 末っ子、いちばん年下
~만 助 ~だけ ☞ p.76
만⟨萬⟩ 漢数 万、一万 ☞ p.64
(~를/을) 만나다 動 (~に)会う
만들다 動 作る
만으로⟨滿--⟩ 句 満で ☞ p.50
만화⟨漫畵⟩[마놔] 名 マンガ
만화가⟨漫畵家⟩[마놔-] 名 マンガ家
만화책⟨漫畵冊⟩ 名 マンガの本、マンガ
많다 [만타] 形 多い、たくさんある
많이 [마니] 副 ①たくさん ②かなり、ずいぶん
말 名 ことば
맛 名 味
맛이 없다 存 おいしくない、まずい
맛있다 存 おいしい
매니저⟨manager⟩ 名 マネージャー
매일⟨每日⟩ 名・副 毎日
매점⟨賣店⟩ 名 売店
매주⟨每週⟩ 名 毎週
맥주⟨麥酒⟩ 名 ビール
맵다 ㅂ形 辛(から)い
머리 名 ①頭 ②髪
먹는 것 [멍는 -] 名 食べること
먹다 動 食べる
먼저 副 まず
멀다 形 遠い
멋있다 存 カッコいい、素敵だ
메뉴⟨menu⟩ 名 メニュー
메일⟨mail⟩ 名 メール
메일주소⟨mail 住所⟩ 名 メールアドレス
며칠 名 ①何日 ②数日
-면 尾 (す)れば、(し)たら ☞ p.114
~명⟨名⟩ 単名 [固数+] ~人 ☞ p.57
몇 ~ 連体 何(なん)~{数を尋ねる}
몇 년⟨-年⟩[면년] 名 何年 ☞ p.51
몇 년생⟨-年生⟩[면년-] 名 何年生まれ ☞ p.51
몇 학년⟨-學年⟩[며탕-] 名 何年生 ☞ p.45
몇 월⟨-月⟩[며둴] 名 何月 ☞ p.39
모르다 르動 ①知らない ②分からない

☞ p.125
모시다 動 おもてなしする、お世話する
모양〈模様〉名 形、様子
모임 名 集まり
목걸이 名 ネックレス
목요일〈木曜日〉名 木曜日
목욕〈沐浴〉名 入浴、風呂(に入ること)
목표〈目標〉名 目標
못 — 副 —できない{不可能} ☞ p.105
못하다 [모타-] 動 できない
무리〈無理〉名 無理
무섭다 ㅂ形 怖い ☞ p.107
무슨 요일〈-曜日〉[-뇨-] 句 何曜日 ☞ p.37
무엇 代名 何
무역회사〈貿易會社〉[-여쾨-] 名 貿易会社
문제〈問題〉名 問題
문화〈文化〉[무놔] 名 文化
물 名 水
미래〈未来〉名 未来
미술관〈美術館〉名 美術館
미안해요. 句 ごめんなさい。 ☞ p.23
밉다 ㅂ形 憎らしい
밑 名 下

ㅂ

-ㅂ니다 尾 (し)ます、-です ☞ p.65
바나나〈banana〉名 バナナ
바다 名 海
바닷가 名 海辺、海岸
바람 名 風
바쁘다 形 忙しい
〜박〈泊〉単名〔漢数+〕〜泊
밖 名 外
〜밖에 助 〜しか{→否定} ☞ p.101
반〈半〉名 半、半分
반갑다 ㅂ変 (会えて)嬉しい
반찬〈飯饌〉名 おかず
받다 動 受け取る、もらう
밤 名 夜
밥 名 ご飯
방〈房〉名 部屋
방송사〈放送社〉名 放送会社、放送局

배 名 船
배 名 お腹
배구〈排球〉名 バレーボール
배우〈俳優〉名 俳優
배우다 動 習う、教えてもらう
백〈百〉漢数 百 ☞ p.51
백점〈百點〉名 100点
버스〈bus〉名 バス
〜번〈番〉単名 ①〔漢数+〕〜番 ②〔固数+〕〜度、〜回
벌써 副 もう(思ったより早く)
별 名 星
별로〈別〉副 あまり{→否定}
별로이다〈別-〉指 いまひとつだ、イマイチだ
〜병〈瓶〉単名〔固数+〕〜本 (瓶の数)
보기 名 見た目
보내다 動 送る
보다 動 ①見る ②読む ③会う
〜보다 助 〜より ☞ p.84
보세요. 句 見てください。
보육원 선생님〈保育園 先生-〉名 保母、保父
보이다 動 見える
복사하다〈複寫-〉動 コピーする
볼링〈bowling〉名 ボーリング
볼펜〈ball pen〉名 ボールペン
봄 名 春
뵙겠습니다. 句 お目にかかります
부드럽다 ㅂ形 柔らかい、ソフトだ、マイルドだ ☞ p.107
(배가) 부르다 르形 (お腹が)いっぱいだ ☞ p.125
부모님〈父母-〉名 両親
부산〈釜山〉地 釜山
부엌 名 台所
부침개 名 チヂミ
부탁드리겠습니다.〈付託------〉句 お願い致します。
〜부터 助 〜から{開始時間} ☞ p.97
〜분〈分〉単名〔漢数+〕〜分
분위기〈雰圍氣〉名 雰囲気
불편하다〈不便--〉形 ①不便だ ②居心地が悪い
브이 @ V
비 [삐] @ B

비 名 雨
비디오 〈video〉 名 ビデオ
비밀 〈秘密〉 名 秘密
비빔밥 [--빱] 名 ビビンバ
비싸다 形 (値段が)高い
비행기 〈飛行機〉 名 飛行機
빌리다 動 借りる
빨간 색 名 赤い色, 赤
빨래 名 洗濯
빵 名 パン
빵점 [-쩜] 名 零点

ㅅ

사 〈四〉 漢数 四, 4 ☞ p.51
사다 動 買う
사람 名 人
사랑 名 愛
사랑하다 動 愛する
사실 〈事實〉 名 事実
사실은 〈事實-〉 副 実は
사월 〈四月〉 名 4月
사이 名 ①間 ②仲
사진 〈寫眞〉 名 写真
사학년 〈四學年〉 [-항-] 名 4年生
산 〈山〉 名 山
〜살 単名 〔固数+〕〜歳 ☞ p.51
살다 動 住む, 暮らす
살리다 動 生かす, 活かす
삼 〈三〉 漢数 三, 3 ☞ p.51
삼겹살 〈三--〉 名 サムギョプサル(豚の三枚肉の焼き肉)
삼계탕 〈蔘鷄湯〉 名 サムゲタン(高麗人参と若鶏のまる煮)
삼월 〈三月〉 名 3月
삼학년 〈三學年〉 [사망-] 名 3年生
상사 〈商社〉 名 商社
생각 名 考え
생년 〈生年〉 名 生まれ年
생선 〈生鮮〉 名 (食材としての)魚
생일 〈生日〉 名 誕生日
생활 〈生活〉 名 生活
서다 動 ①止まる ②立つ

서로 副 お互い
서른 固数 三十 ☞ p.51
서비스 〈service〉 名 サービス
서울 地 ソウル
선물 〈膳物〉 名 ①プレゼント ②お土産
선배 〈先輩〉 名 先輩
선생님 〈先生-〉 名 先生(尊称)
선수 〈選手〉 名 選手
성적 〈成績〉 名 成績
세 〜 固数 三つの〜, 3〜 ☞ p.51
세계 〈世界〉 名 世界
세다 形 強い
세종 〈世宗〉 人 セジョン(朝鮮王朝4代の王で、ハングルの創製者)
센터 〈center〉 名 センター
셋 固数 三つ ☞ p.51
소 名 牛
소금 名 塩
소망 〈所望〉 名 望み, 願い
소방관 〈消防官〉 名 消防官
소지품 〈所持品〉 名 所持品, 持ち物
손 名 手
쇼핑 〈shopping〉 名 ショッピング
수 〈數〉 名 数(かず)
수다(를 떨다) 名(動) おしゃべり(をする)
수단 〈手段〉 名 手段
수업 〈授業〉 名 授業
수요일 〈水曜日〉 名 水曜日
수준 〈水準〉 名 水準, レベル
숙제 〈宿題〉 名 宿題
순두부찌개 〈純豆腐--〉 名 純豆腐チゲ
순하다 〈順-〉 形 素直だ, アクがない
숟가락 名 スプーン
술 名 お酒
술집 [-찝] 名 居酒屋, 飲み屋
쉬다 動 休む
쉰 固数 五十 ☞ p.51
쉽다 ㅂ形 易しい ☞ p.107
스무 〜 固数 二十の〜, 20〜 ☞ p.51
스물 固数 二十 ☞ p.51
스웨터 〈sweater〉 名 セーター
스케이트 〈skate〉 名 スケート
스타 〈star〉 名 スター

슬프다	形	悲しい

스포츠 〈sports〉 名 スポーツ
-습니다 尾 （し）ます、-です ☞ p.65
시 [씨] ⓐ C
〜시 〈時〉 単名 〔固数＋〕〜時 ☞ p.120
시간 〈時間〉 名 時間
시간대 〈時間帯〉 名 時間帯
시계 〈時計〉 名 時計
시금치 名 ホウレンソウ
시끄럽다 ㅂ形 うるさい ☞ p.107
시내 〈市内〉 名 市内、市の中心部
시디 〈CD〉 名 CD
시설 〈施設〉 名 施設
시원하다 [-워나-] 形 爽やかだ、スキッとする
시월 〈十月〉 名 10月
시작! 〈始作〉 名 せーの!
시작되다 〈始作--〉 動 始まる
시작하다 〈始作--〉[-자카-] 動 始める
시작하겠습니다. 句 始めます。
시험 〈試験〉 名 試験
〜 식구 〈食口〉 単名 〔固数＋〕〜人家族 ☞ p.56
식당 〈食堂〉 名 食堂
식사하다 〈食事--〉 動 食事する
신라 〈新羅〉 [실-] 名 新羅
신문 〈新聞〉 名 新聞
신문사 〈新聞社〉 名 新聞社
실내 〈室内〉 [-래] 名 室内
실컷 副 思いきり
싫다 [실타] 形 嫌だ、嫌いだ
싫어하다 [시러--] 動 嫌う（〜を嫌う⇒〜が嫌いだ、〜が苦手だ）
십 〈十〉 漢数 十、10 ☞ p.51
십만 원 〈十万〉 [심마눤] 名 10万ウォン
십이월 〈十二月〉 名 12月
십일월 〈十一月〉 名 11月
싱겁다 ㅂ形 味が薄い ☞ p.107
싶다 形 （し）たい｛希望｝
싸다 形 安い
싸우다 動 ケンカする
쓰다 動 使う
쓰다 動 書く
쓰다 形 苦（にが）い
〜씨 〈氏〉 依名 〜さん ☞ p.40

ㅇ

〜아 助 〔最後にパッチムのある名前＋〕｛呼びかけ｝ ☞ p.40
아까 副 さっき
아는 사람 名 知り合い
아니다 指 違う、〜ではない
아니에요. 句 違います。そんなことありません。 ☞ p.17
아니요 間 いいえ
아르바이트 〈arbeit〉 名 アルバイト
아름답다 ㅂ形 美しい ☞ p.107
아무 〜 〔도＋否定〕 連体 何の〜｛も＋否定｝
아버지 名 父、お父さん
아빠 名 パパ
-아서 尾 （し）たので、（く）て｛原因｝ ☞ p.106
아쉽다 ㅂ形 残念だ ☞ p.107
아이 名 子供
아이 ⓐ I
아이스크림 〈icecream〉 名 アイスクリーム
아이티기업 〈IT企業〉 名 IT企業
아직 副 まだ
아침 名 ①朝 ②朝ご飯
아파트 〈apart〉 名 マンション
아프다 形 痛い
아홉 固数 九つ ☞ p.51
아흔 固数 九十 ☞ p.51
안 名 中
안 ― 副 ―ない｛否定の副詞｝ ☞ p.100
안녕! 間 バイバイ ☞ p.2
안녕? 間 おはよう、オッス ☞ p.2
안녕하세요? 句 お早うございます。こんにちは。初めまして。 ☞ p.2
안녕하십니까? 句 お早うございます。こんにちは。初めまして。 ☞ p.2
안녕히 가세요. 句 （去る人に）さようなら。お気を付けて。 ☞ p.7
안녕히 계세요. 句 （居残る人に）さようなら。お元気で。 ☞ p.7
안녕히 〈安寧〉 副 ご無事で
알 ⓐ R
알다 動 ①知る ②分かる
알리다 動 知らせる

알파벳〈alphabet〉 [名] アルファベット
-았- [補幹] {過去} ☞ p.88
앞 [名] 前
앞으로 [副] 今後、将来
애니메이션〈animation〉 [名] アニメ
애완동물 [名] 〈愛玩動物〉 ペット
〜야 [助] 〔最後にパッチムのない名前+〕{呼びかけ} ☞ p.40
야구〈野球〉 [名] 野球
야구부〈野球部〉 [名] 野球部
야채〈野菜〉 [名] 野菜
약속〈約束〉 [名] 約束
약하다〈弱-〉[야카-] [形] 弱い
양배추〈洋-〉 [名] キャベツ
얘 [代名] この子(←이 아이)
어느새 [副] いつの間にか
어느쪽 [代名] どちら、どっち
어디 [代名] どこ
어렵다 [ㅂ形] 難しい ☞ p.107
어머니 [名] 母、お母さん
-어서 [尾] (し)たので、(く)て{原因} ☞ p.106
어제 [名][副] 昨日
어젯밤 [名] 昨夜
어학연수〈語學研修〉[-항년-] [名] 語学研修
억〈億〉 [漢数] 億
언니 ①姉(←妹) ②先輩(女性が年上の女性に) ☞ p.41
업계〈業界〉 [名] 業界
없다 [업따] [存] ①ない ②いない
없습니다 [句] ①ありません ②いません
-었- [補幹] {過去} ☞ p.88
〜에 [助] 〜に ☞ p.59
〜에 관한 …〈關〉 [句] 〜に関する…
〜에 대해〈對-〉 [句] 〜について
〜에서 [助] ①〜で{場所} ☞ p.74 ②〜から{場所}
에스 [a] S
에이 [a] A
에이치 [a] H
에프 [a] F
엑스 [a] X
엔 [a] N
〜엔 [単名] 〔漢数+〕〜円

엘 [a] L
엘리베이터〈elevater〉 [名] エレベーター
엠 [a] M
여기 [代名] ここ
여덟 [-덜] [固数] 八つ
여동생〈女同生〉 [名] 妹
여든 [固数] 八十 ☞ p.51
여러 가지 [名] いろいろ
여러 나라 [名] いろいろな国
여름 [名] 夏
여름방학 [--빵악] [名] 夏休み
-여서 [尾] (し)たので、(く)て{原因} ☞ p.106
여섯 [固数] 六つ ☞ p.51
여유〈餘裕〉 [名] 余裕
여자〈女子〉 [名] 女、女性、女の人
여자 친구〈女子 親舊〉 [名] ガールフレンド、彼女
여행〈旅行〉 [名] 旅行
여행 가다〈旅行-〉 [動] 旅行に行く
여행사〈旅行社〉 [名] 旅行社
역〈驛〉 [名] 駅
역사〈歷史〉 [名] 歴史
역 앞〈驛-〉 [名] 駅前
역할〈役割〉[여칼] [名] 役割
연구〈研究〉 [名] 研究
연구실〈研究室〉 [名] 研究室
연락〈連絡〉[열-] [名] 連絡
연락하다〈連絡-〉[열라카-] [動] 連絡する
열 [固数] 十(とお) ☞ p.51
열다 [動] 開ける
열심히〈熱心-〉[열씨미] [副] 熱心に、一生懸命
-였- [補幹] {過去} ☞ p.88
〜였습니다 [句] 〔最後にパッチムのない名詞+〕〜でした ☞ p.90
영어〈英語〉 [名] 英語
영화〈映畫〉 [名] 映画
영화 감독〈映畫監督〉 [名] 映画監督
옆 [名] 横、隣
예쁘다 [形] かわいい、素敵だ
예순 [固数] 六十 ☞ p.51
예술가〈藝術家〉 [名] 芸術家
예전에〈-前-〉 [副] 以前
오 [a] O
오〈五〉 [漢数] 五、5 ☞ p.51

| 오늘 名 副 今日
| 오늘 아침 名 今朝
| 오다 動 ①来る ②(雨・雪が)降る
| 오래 副 長く(長期間)
| 오래간만 名 久しぶり
| 오래됐다 句 古い
| 오빠 名 ①兄(←妹) ②先輩(女性が年上の男性に)
| 오월〈五月〉名 5月
| 오이 名 キュウリ
| 오전〈午前〉名 午前
| 오징어 名 イカ
| 오토바이 名 オートバイ、バイク
| 오후〈午後〉名 午後
| 온천〈溫泉〉名 温泉
| 옷 名 服
| ～와 助 ～と ☞ p.81
| ～와 같이 [가치] 句 ～と一緒に ☞ p.96
| 와이 ⓐ Y
| 외국인〈外國人〉名 外国人
| 외래어〈外來語〉名 外来語
| 외할머니〈外---〉名 母方の祖母
| 외할아버지〈外---〉名 母方の祖父
| 요리〈料理〉名 料理
| 우동 名 うどん
| 우리 代名 ①私たち、我々 ②うちの～
| 우리 집 名 私たちの家、うち
| 우승〈優勝〉名 優勝
| 우엉 名 ゴボウ
| 우유〈牛乳〉名 牛乳
| 운동〈運動〉名 運動、スポーツ
| 운동부〈運動部〉名 運動部
| 운동 선수〈運動 選手〉名 スポーツ選手
| 운동장〈運動場〉名 運動場、グラウンド
| 운전〈運轉〉名 運転
| 운전학원〈運轉學院〉名 自動車学校
| ～원 単名〔漢数+〕～ウォン(韓国の貨幣単位)
| ～월〈月〉単名〔漢数+〕～月
| 월요일〈月曜日〉名 月曜日
| 위 名 上
| 위치하다〈位置-→〉動 位置する
| 유 ⓐ U
| 유명하다〈有名-→〉形 有名だ

유월〈六月〉名 6月
유치원〈幼稚園〉名 幼稚園
유통업계〈流通業界〉名 流通業界
유학 가다〈留學-→〉動 留学する
유학생〈留學生〉名 留学生
육〈六〉漢数 六、6 ☞ p51
-으러 尾 (し)に{往来の目的} ☞ p.92
～으로 助 ～で{手段・方法} ☞ p.75
-으면 尾 (す)れば、(し)たら{条件} ☞ p.114
～은 動 ～は ☞ p.46
-은 尾 〔形容詞+〕{現在連体形} ☞ p.99
～을 助 ～を ☞ p.73
음료〈飲料〉[-뇨] 名 飲み物
음식〈飲食〉名 食べ物、料理
음식점〈飲食店〉名 飲食店
음악〈音樂〉名 音楽
음악가〈音樂家〉名 音楽家
응 間 うん(友達言葉)
～의 [에] 助 ～の ☞ p.113
의사〈醫師〉名 医者
의자〈椅子〉名 椅子
이〈二〉漢数 二、2 ☞ p51
이 ⓐ E
이 ～ 連体 この～
～이 助 ～が{主格} ☞ p.58
～이 되다 動 ～になる ☞ p.113
이것 代名 これ
～이다 指 ～だ、～である
이따가 副 あとで
～이라고 합니다 句 ～と言います、～と申します ☞ p.47
이렇게 [-러케] 副 このように
이름 名 名前
이만 副 このへんで(やめる、帰る)
이메일〈e-mail〉名 Eメール
이벤트〈event〉名 イベント
이상〈以上〉名 以上
이상하다〈異常-→〉形 変だ、不思議だ
이야기하다 動 話す
～이었습니다 句 〔最後にパッチムがある名詞+〕～でした ☞ p.90
이월〈二月〉名 2月
이태리〈伊太利〉地 イタリア

이학년〈二學年〉[-앙-] 名 2年生
인기 있다 存 人気がある
인터넷〈internet〉名 インターネット
일 名 仕事、用事、こと
일〈一〉漢数 一、1 ☞ p51
～일〈日〉単名 ～日(にち) ☞ p.39
일곱 固数 七つ ☞ p.51
일년〈一年〉[-련] 1年
일본〈日本〉名 日本
일본 사람〈日本 -〉名 日本人
일본말로 句 日本語で
일상〈日常〉名 日常
일어나다 動 起きる
일요일〈日曜日〉名 日曜日
일월〈一月〉名 1月
일주일〈一週日〉[-쭈-] 名 1週間
일찍 副 早く
일학년〈一學年〉[이랑-] 名 1年生
일흔 [이른] 固数 七十 ☞ p.51
읽다 [익따] 動 読む
～입니까?[임--] 句 ～ですか
～입니다 [임--] 句 ～です ☞ p.45
입다 動 着る
입학〈入學〉[이팍] 名 入学
있다 存 ①ある　②いる
있습니다 句 ①あります　②います

ㅈ

자가용〈自家用〉名 自家用車、マイカー
자격증〈資格證〉[--쯩] 名 資格証
자다 動 寝る
자료〈資料〉名 資料
자르다 르動 切る
자연〈自然〉名 自然
자영업〈自營業〉名 自営業
자위관〈自衛官〉名 自衛官、自衛隊員
자전거〈自轉車〉名 自転車
자주 副 しょっちゅう、頻繁に、よく、しばしば
작년〈昨年〉名 去年
작다 形 小さい、(背が)低い
～잔〈盞〉単名 ～杯
잘 副 よく、うまく、よろしく

잘 가. 句 (立ち去る人に)じゃあね。バイバイ。 ☞ p.7
잘 돼 있다 存 (施設・制度が)整っている
(～를/을)잘 하다 [자라-] 動 (～が)うまい、(～が)上手だ
잡채〈雜菜〉名 チャプチェ(春雨野菜炒め)
장소〈場所〉名 場所
재미없다 [--업따] 存 面白くない、つまらない
재미있다 存 面白い、楽しい
재일 교포〈在日 僑胞〉名 在日韓国人
재즈〈jazz〉名 ジャズ
저 ～ 連体 あの～
저 代名 私(わたくし)
저고리 名 チョゴリ(韓国の民族衣装の上衣)
저녁 名 ①晩　②晩ご飯
저쪽 代名 あちら、あっち
적다 形 小ない
전자 사전〈電子辭典〉名 電子辞書
전철〈電鐵〉名 電車
전통〈傳統〉名 伝統
전통적이다〈傳統的--〉指 伝統的だ
전화〈電話〉[저놔] 名 電話
젊다 [점따] 形 若い
점〈點〉[쩜] 名 点
점심〈點心〉名 昼ご飯
점심시간〈點心時間〉名 昼休み
접시 名 皿
젓가락 名 箸
정도〈程度〉名 程度
정말〈正-〉名 本当 副 本当に
정성껏〈精誠-〉副 誠心誠意、真心をこめて
정식〈定食〉名 定食
제 ～ 連体 私の～
제가 句 私が ☞ p.58
제이 al J
제일〈第一〉副 いちばん
제조업체〈製造業體〉名 製造業、メーカー
제트 al Z
조선족〈朝鮮族〉名 朝鮮族
조용하다 形 静かだ
졸업〈卒業〉名 卒業

졸업하다〈卒業--〉[조러파-] 動 卒業する
좀 副 ちょっと
종류〈種類〉[-류] 名 種類
종합대학〈綜合大學〉名 総合大学
좋다 [조타] 形 良い
좋아요. [조아-] 句 良いです。
좋아하는 ~[조아--] 句 好きな~ ☞ p.52
(~를/을)좋아하다 [조아--] 動 (~を)好む、(~が)好きだ ☞ p.82
죄송합니다.〈罪悚--〉句 申し訳ありません。 ☞ p.23
주다 動 くれる、あげる
주말〈週末〉名 週末
주문하다〈注文--〉名 動 注文する
주변〈周邊〉名 周り
주부〈主婦〉名 主婦
주스〈juice〉名 ジュース
준비〈準備〉名 準備
~ 중〈中〉依名 ①~中(~している最中) ②~のなか(範囲)
중국〈中國〉地 中国
중국 사람〈中國 --〉名 中国人
중앙〈中央〉名 中央
중학교〈中學校〉名 中学校
중학생〈中學生〉名 中学生
즐겁다 ㅂ形 楽しい ☞ p.107
지 ⓐ G
-지 못하다 動 -られない {不可能} ☞ p.105
-지 않다 [-안타] 動 形 -ない {否定} ☞ p.83
지각하다〈遲刻--〉[-가카-] 動 遅刻する
지갑〈紙匣〉名 財布
지금〈只今〉名 副 今
지난주〈--週〉名 先週
지도〈地圖〉名 副 地図
-지만 尾 -けれど、-が {逆接} ☞ p.68
지우개 名 消しゴム
지하〈地下〉名 地下
지하철〈地下鐵〉名 地下鉄
지혜〈智慧〉名 知恵
직업〈職業〉名 職業
진리〈眞理〉[질-] 名 真理
짐 名 荷物

집 名 家
짜다 形 塩辛い、からい
짧다 [짤따] 形 短い
찌개 名 チゲ
찍다 動 撮る

ㅊ

차〈車〉名 車
차갑다 ㅂ形 冷たい ☞ p.107
차다 形 冷たい
참 副 とても
창문〈窓門〉名 窓
창피하다〈猖披--〉形 恥ずかしい
찾다 動 探す
책〈冊〉名 本
책상〈冊床〉名 机
처음 名 副 初めて
천〈千〉漢数 千 ☞ p.51
철도회사〈鐵道會社〉[-또--] 名 鉄道会社
체육관〈體育館〉名 体育館
초등학교〈初等學校〉名 小学校
초콜릿〈chocolate〉名 チョコレート
촉진시키다〈促進--〉動 促進する
최고〈最高〉名 最高
축구〈蹴球〉名 サッカー
축구장〈蹴球場〉名 サッカー場
축하〈祝賀〉[추카] 名 祝賀、お祝い
출발하다〈出發--〉動 出発する
출석〈出席〉名 出席
출판사〈出版社〉名 出版社
춥다 ㅂ形 寒い ☞ p.107
취미〈趣味〉名 趣味
취업〈就業〉名 就職
취업률〈就業率〉[-엄뉼] 名 就職率
취업 활동〈就業 活動〉[-어팔똥] 名 就職活動
취직하다〈就職--〉[-지카-] 動 就職する
치마 名 スカート
치킨카레〈chicken curry〉名 チキンカレー
친구〈親舊〉名 友だち
친절하다〈親切--〉[-저라-] 形 親切だ、優しい
칠〈七〉漢数 七、7 ☞ p51
칠월〈七月〉名 7月

ㅋ

카드 ⟨card⟩ 名 カード
카레라이스 ⟨curry rice⟩ 名 カレーライス
카페 ⟨café⟩ 名 カフェ
캠퍼스 ⟨campus⟩ 名 キャンパス
커피 ⟨coffee⟩ 名 コーヒー
커피숍 ⟨coffeeshop⟩ 名 コーヒーショップ
컴퓨터 ⟨computer⟩ 名 コンピュータ
컴퓨터게임 ⟨computer game⟩ 名 コンピューターゲーム
케이 @ K
케이크 ⟨cake⟩ 名 ケーキ
케이티엑스 ⟨KTX⟩ 名 KTX(韓国高速鉄道)
케찹 ⟨ketchup⟩ 名 ケチャップ
코 名 鼻
코끼리 名 ゾウ
코코아 ⟨cocoa⟩ 名 ココア
콜라 ⟨cola⟩ 名 コーラ
쿠키 ⟨cookie⟩ 名 クッキー
큐 @ Q
크다 形 大きい、(背が)高い
키 名 背

ㅌ

(~를/을) 타다 動 (~に)乗る
택시 ⟨taxi⟩ 名 タクシー
테니스 ⟨tennis⟩ 名 テニス
텔레비전 ⟨television⟩ 名 テレビ
토끼 名 ウサギ
토마토 ⟨tomato⟩ 名 トマト
토요일 ⟨土曜日⟩ 名 土曜日
통역안내원 ⟨通譯案內員⟩ 名 通訳ガイド
특히 ⟨特⟩[트키] 副 特に
티 @ T
티브이프로 ⟨TV pro⟩ 名 テレビ番組
티셔츠 ⟨T-shirt⟩ 名 Tシャツ

ㅍ

파 名 ネギ
파란 색 名 青色、青
파인애플 ⟨pineapple⟩ 名 パイナップル
파티 ⟨party⟩ 名 パーティー
팔 ⟨八⟩ 漢数 八、8 ☞ p51
팔월 ⟨八月⟩ 名 8月
팥빙수 ⟨氷水⟩ 名 パッピンス (氷あずき、かき氷)
편리하다 ⟨便利--⟩[별---] 形 便利だ
편의점 ⟨便宜店⟩[펴니-] 名 コンビニエンスストア
표 ⟨票⟩ 名 切符
푸르다 ㄹ形 青い
풀다 動 解く
풋고추 名 青唐辛子
프로 ⟨pro⟩ 名 ①プロフェッショナル ②番組
프로그래머 ⟨programmer⟩ 名 プログラマー
피 @ P
피 名 血
피부 ⟨皮膚⟩ 名 皮膚、肌
피자 ⟨pizza⟩ 名 ピザ

ㅎ

하나 固数 一つ ☞ p.51
하나도 副 一つも、まったく〔→否定〕
하나 둘 셋. 句 せーの。ワンツースリー。 ☞ p.viii
하늘 名 空
하다 動 ①する ②いう
하지만 副 でも
학교 ⟨學校⟩ 名 学校
학번 ⟨學番⟩ 単名 〔漢数+〕~年度入学
학부 ⟨學部⟩ 名 学部
학생 ⟨學生⟩ 名 学生
학원 ⟨學院⟩ 名 塾、(公教育以外の)学校、~教室
한~ 固数 一つの~、1~ ☞ p.51
한가하다 ⟨閑暇--⟩ 形 暇だ
한국 ⟨韓國⟩ 名 韓国
한국 가요 ⟨韓國 歌謠⟩ 名 K-POP
한국 나이로 ⟨韓國--⟩[-궁---] 句 数え年で ☞ p.50
한국말 ⟨韓國-⟩[-궁말] 名 韓国語
한국 사람 名 韓国人
한국어 ⟨韓國語⟩ 名 韓国語
한국 음식 ⟨韓國 飮食⟩ 名 韓国料理

한글 名 ハングル
한글날 [--랄] 名 ハングルの日
한류 〈韓流〉[할-] 名 韓流
한일 〈韓日〉 名 ①(辞典などの)韓日 ②(日本と韓国を並べて)日韓
한잔 〈盞〉 副 一杯
할머니 名 祖母、おばあさん
할아버지 名 祖父、おじいさん
핫도그 〈hot dog〉 名 ホットドッグ
항공사 〈航空社〉 名 航空会社
해 名 太陽
핸드폰 〈hand phone〉 名 携帯電話
핸드폰 줄 〈hand phone -〉 名 携帯ストラップ
햄버거 〈hamburger〉 名 ハンバーガー
했- 「하다」の過去語幹
행락지 〈行樂地〉[-낙-] 名 行楽地
형 〈兄〉 名 ①兄(←弟) ②先輩(男が年上の男に)
형용하다 〈形容--〉 名 形容する
형제 〈兄弟〉 名 兄弟
호떡 〈胡-〉 名 ホットク(黒蜜入り揚げ餅)
호주 〈濠洲〉 地 オーストラリア
호텔 〈hotel〉 名 ホテル
혼나다 〈魂--〉 動 大変な目に遭う
혼자 副 一人で
홈페이지 〈homepage〉 名 ホームページ
홍차 〈紅茶〉 名 紅茶
화요일 〈火曜日〉 名 火曜日
화장품 〈化粧品〉 名 化粧品
환경 〈環境〉 名 環境
활동 〈活動〉[-똥] 名 活動
활발하다 〈活發--〉[-바라-] 形 活発だ
회사 〈會社〉 名 会社
회사원 〈會社員〉 名 会社員
후배 〈後輩〉 名 後輩
후회 〈後悔〉 名 後悔
훨씬 副 ずっと、はるかに
휴가 〈休暇〉 名 休暇
휴게실 〈休憩室〉 名 休憩室
휴식시간 〈休息時間〉 名 休憩時間
휴지 〈休紙〉 名 ちり紙、ティッシュ
흐르다 르動 流れる
희다 形 [히-] 白い
힘 名 力、元気

힘들다 形 しんどい

単語リスト(日本語→韓国語)

あ

R 알 ⓐ
I 아이 ⓐ
愛 사랑 [名]
アイスクリーム 아이스크림 〈icecream〉 [名]
愛する 사랑하다 [動]
間 간〈間〉[依名], 사이 [名], 동안 [依名]
IT企業 아이티기업〈IT企業〉[名]
(〜に)会う (〜를/을)만나다 [動], (〜를/을)보다 [動]
青 파란 색〈-色〉[名]
青い 푸르다 [러形]
青唐辛子 풋고추 [名]
赤 빨간 색〈-色〉[名]
秋 가을 [名]
開ける 열다 [動]
あげる 주다 [動]
朝 아침 [名]
朝ご飯 아침 밥 [名], 아침 식사 [名], 아침 [名]
足 ①다리(太腿からくるぶしまでの部分) [名], ②발(くるぶし以下の部分) [名]
味 맛 [名]
味が薄い 싱겁다 [ㅂ形] ☞p.107
明日 내일〈來日〉[名][副]
遊ぶ 놀다 [動]
暖かい 따뜻하다[-뜨타-] [形]
頭 머리 [名]
当る(くじが) 당첨되다〈當籤--〉[動]
あちら、あっち 저쪽 [代名]
暑い(気温が) 덥다 [ㅂ形] ☞p.107
熱い(物体が) 뜨겁다 [ㅂ形] ☞p.107
集まり 모임 [名]
あとで 이따가 [副]
後について言ってください。 따라 하세요. [句]
アニメ 에니메이션 [名]
兄 오빠(←妹) [名], 형〈兄〉(←弟) [名]
姉 누나(←弟) [名], 언니(←妹) [名]
あの〜 저〜 [連体]
油 기름 [名]

あまり〔〜ない〕별로〈別〉〔→否定〕[副], 잘(あまりよくは〜ない) [副]
あまりに 너무 [副]
雨 비 [名]
ありがとう。 고마워요. [句] ☞p.17
ありがとうございます 감사합니다. [句] ☞p.17 고맙습니다. [句]
あります 있습니다 [句] ☞p.57
ありません 없습니다 [句] ☞p.57
ある 있다 [存]
歩いて 걸어서 [句]
歩く 걷다 [ㄷ動] ☞p.125
アルバイト 아르바이트〈arbeit〉[名]
アルファベット 알파벳〈alphabet〉[名]
慌てる 당황하다〈唐慌--〉[動]
イアリング 귀걸이 [名]
いい 좋다 [조타] [形]
いいえ 아니오 [間], 아니에요 [句]
E 이 ⓐ
Eメール 이메일〈e-mail〉[名]
いいです。 좋아요.[조아-] [句]
家 집 [名]
生かす, 活かす 살리다 [動]
行く 가다 [動]
居酒屋 술집[-찝] [名]
医者 의사〈醫師〉[名]
以上 이상〈以上〉[名]
椅子 의자〈椅子〉[名]
以前 예전에〈-前〉[副]
忙しい 바쁘다 [形]
痛い 아프다 [形]
イタリア 이태리〈伊太利〉, 이탈리아〈Italia〉[地]
1 일〈一〉[漢数], 한〜 [固数] ☞p51
1月 일월〈一月〉[名]
位置する 위치하다〈位置--〉[動]
1年 일년〈一年〉[-련]
1年生 일학년〈一學年〉[이랑-] [名]
いちばん 제일〈第一〉[副]
1万 만 [数]
1週間 일주일〈一週日〉[-쭈-] [名]

日本語	韓国語
一生懸命 열심히〈熱心-〉[-씨미] 副	
一緒に 같이[가치] 副	
五つ 다섯 固数 ☞p.51	
行ってくる 갔다 오다 動	
いつの間にか 어느새 副	
一杯 한잔〈盞〉副	
(お腹が)いっぱいだ (배가)부르다 ㄹ形	
いない 없다[업따] 存	
犬 개 名, 강아지 名	
イベント 이벤트 名	
今 지금〈只今〉名 副	
イマイチだ 별로이다 指	
います 있습니다 句 ☞p.57	
いません 없습니다 句 ☞p.57	
妹 여동생〈女同生〉名, 동생〈同生〉名	
(〜が)嫌だ (〜가/이)싫다[실타] 形, (〜를/을)싫어하다[시러--] 動	
いる 있다 存	
いろいろ 여러 가지 名	
いろいろな国 여러 나라 名	
飲食店 음식점〈飲食店〉名	
インターネット 인터넷〈internet〉名	
上 위〈上〉名	
〜ウォン(韓国の貨幣単位)〔漢数+〕원 単名	
受け取る 받다 動	
受ける ①받다 動 ②(授業を)듣다 ㄷ動	
ウサギ 토끼 名	
牛 소 名	
後ろ 뒤 名	
歌 노래 名	
歌う (노래)하다 動, 부르다 르動	
うち 우리 집 名	
うちの〜 우리 〜 連体	
美しい 아름답다 ㅂ形 ☞p.107	
うどん 우동 名	
(〜が)うまい(上手だ) (〜를/을)잘 하다[자라-] 動	
うまく 잘 副	
生まれ年 생년〈生年〉名	
海 바다 名	
海辺 바닷가 名	
うるさい 시끄럽다 ㅂ形	
嬉しい ①기쁘다 形 ②(会えて)반갑다 ㅂ形	
(お会いできて)嬉しいです 반갑습니다. 句	
うん(同年輩・年下へのあいづち) 응 間	
運転 운전〈運轉〉名	
運動 운동〈運動〉名	
運動場 운동장〈運動場〉名	
運動部 운동부〈運動部〉名	
絵 그림 名;…を描く:…를/을 그리다	
映画 영화〈映畵〉名	
映画監督 영화 감독〈映畵監督〉名	
英語 영어〈英語〉名	
H 에이치 a	
A 에이 a	
ええ 네 間	
描く 그리다 動	
駅 역〈驛〉名	
駅前 역 앞〈驛〉駅前 名	
S 에스 a	
X 엑스 a	
N 엔 a	
F 에프 a	
M 엠 a	
L 엘 a	
エレベーター 엘리베이터〈elevator〉名	
〜円(日本の通貨単位)〔漢数+〕엔 単名	
演技 연기〈演技〉名	
演奏 연주〈演奏〉名	
おいしい 맛있다 存	
おいしくない 맛이 없다 存	
お祝い 축하〈祝賀〉[추카] 名	
O 오 a	
多い 많다[만타] 形	
大きい 크다 形	
オーストラリア 호주〈濠洲〉地	
お母さん 어머니 名	
お菓子 과자〈菓子〉名	
おかず 반찬〈飯饌〉名	
お金 돈 名	
起きる 일어나다 動	
お気を付けて。안녕히 가세요. 句	
億 억〈億〉漢数	
送る 보내다 動	
お元気で。안녕히 계세요. 句	
おじいさん 할아버지 名	
教えてもらう 배우다 動

おしゃべり(をする) 수다(를 떨다) 名 動
遅く 늦게 副
お世話する 모시다 動
お互い 서로 副
お父さん 아버지 名
弟 남동생〈男同生〉名, 동생〈同生〉名
男、男の人 남자〈男子〉名
お腹 배 名
同じだ 같다 形
お兄ちゃん 형〈兄〉(←弟) 名, 오빠(←妹) 名
　　☞p.40
お姉ちゃん 누나(←弟) 名, 언니(←妹) 名
　　☞p.40
お願い致します。 부탁드리겠습니다.〈付託--〉句
おばあさん 할머니 名
おはよう、オッス 안녕? 間 ☞p.2
おはようございます。 안녕하세요? 句, 안녕하십니까? 句 ☞p.2
お土産 선물〈膳物〉名
お目にかかります 뵙겠습니다. 句
思いきり 실컷 副
面白い 재미있다 存
面白くない 재미없다 存
思ったこと 생각 名
おもてなしする 모시다 動
おやつ 간식〈間食〉名
お笑い芸人 개그맨〈gag man〉名
終わります。 마치겠습니다. 句
終わる 끝나다[끈--] 動, 마치다 動
音楽 음악〈音樂〉名
音楽家 음악가〈音樂家〉名
温泉 온천〈溫泉〉名
女、女の人 여자〈女子〉名

か

〜が{主語} 〜가/이 助 ☞p.58
-が{逆接} -지만 尾 ☞p.68
カード 카드〈card〉名
ガールフレンド 여자친구〈女子親舊〉名
〜回〔固数+〕번〈番〉単名
外国 외국〈外國〉名
外国人 외국인〈外國人〉名

会社 회사〈會社〉名
会社員 회사원〈會社員〉名
外祖父(母方の祖父) 외할아버지〈外---〉名
外祖母(母方の祖母) 외할머니〈外--〉名
外来語 외래어〈外來語〉名
買う 사다 動
帰ってくる 들어오다 動
帰る 집에 가다 動
価格 가격 価格 名
かかる 걸리다 動
カキ氷 팥빙수〈氷水〉名
書く ①(文字・文章を)쓰다 動 ②(絵・図表を)그리다 動
学生 학생〈學生〉名
学生数 학생수〈學生數〉名
学部 ①(韓国の学制で)대학〈大學〉名
　　②(日本の学制で)학부〈學部〉名
架け橋 가교〈架橋〉名
{過去} -았/었/였- 補幹 ☞p.88
カササギ 까치 名
菓子 과자〈菓子〉名
歌手 가수〈歌手〉名
数(かず) 수〈數〉名
風 바람 名
風邪 감기〈感氣〉名
数え年で 한국 나이로〈韓國 ---〉[-궁---] 句
家族 가족〈家族〉名, 식구〈食口〉名
ガソリン 기름 名
形 모양〈模樣〉名
〜月〔漢数+〕월〈月〉単名 cf. 유월〈六月〉・시월〈十月〉は特殊形。
学科 과〈科〉[과]名, 학과〈學科〉名
カツカレー 돈가쓰카레 名
カッコいい 멋있다 存
学校 ①학교〈學校〉名 ②(公教育以外の〜学校)학원〈學院〉名
活動 활동〈活動〉[-똥]名
活発だ 활발하다〈活發-〉形
悲しい 슬프다 形
かなり 많이[마니] 副
金(かね) 돈 名
彼女(ガールフレンド) 여자 친구〈女子 親舊〉名
カバン 가방 名

カフェ 카페〈café〉 名
構いません 괜찮아요.[-차나-] 句
構わない 괜찮다[-찬타] 形
髪 머리 名
科目 과목〈科目〉 名
通う 다니다 動
火曜日 화요일〈火曜日〉 名
～から ①〔時間＋〕～부터 助 ☞p.97
　　　 ②〔場所＋〕～에서 助 ☞p.97
辛(から)い ①맵다 (ピリッと辛い) ㅂ形 ☞p.107
　　　　　②(塩辛い) 짜다 形
カラオケボックス 노래방 名
借りる 빌리다 動
カルビ(あばら肉、またはその焼肉) 갈비 名
カルビスープ 갈비탕〈--湯〉 名
カレーライス 카레라이스〈curry rice〉 名
彼氏 남자 친구〈男子親舊〉 名
かわいい 예쁘다 形
可愛らしい(幼い・小さいものや人) 귀엽다 ㅂ形
変わっている 이상하다〈異常-〉 形
～間(かん) ～ 간〈間〉 依名
考え 생각 名
環境 환경〈環境〉 名
関係 관계〈關係〉 名
韓国 한국〈韓國〉 名
韓国語 한국말〈韓國-〉[-궁-] 名, 한국어〈韓國語〉 名
韓国人 한국 사람 名
韓国料理 한국 음식〈韓国 飮食〉 名
看護師 간호사〈看護師〉[가노-] 名
頑張る 열심히 하다[-시미--] 動
間食 간식〈間食〉 名
(～に)関する～ (～에)관한 ～ [과난] 句
韓日 한일〈韓日〉 名
韓流 한류〈韓流〉[할-] 名
関連 관련〈關連〉[괄-] 名
黄色 노란색〈--色〉 名
聞いてください。 들으세요. 句
着替える 갈아입다 動
期間 기간〈期間〉 名
聞く 듣다 ㄷ動 ☞p.125
聞くこと 듣는 것[든는걷] 名
寄宿舎 기숙사〈寄宿舎〉 名

ギター 기타 名
きつい 독하다〈毒-〉[도카-] 形
切符 표〈票〉 名
昨日 어제 名 副
規模 규모〈規模〉 名
金 김〈金〉 人
キムチ 김치 名
きめ細かい 곱다 ㅂ形 ☞p.107
客室乗務員 객실승무원〈客室乗務員〉 名
キャベツ 양배추〈洋-〉 名
キャンパス 캠퍼스 名
Q 큐 ⓐ
9 구〈九〉 漢数 아홉 固数 ☞p.51
休暇 휴가〈休暇〉 名
休憩時間 휴식시간〈休息時間〉 名
休憩室 휴게실〈休憩室〉 名
九十 구십 漢数 ☞p.51 아흔 固数 ☞p.51
球団 구단〈球團〉 名
牛乳 우유〈牛乳〉 名
キュウリ 오이 名
今日 오늘 名
業界 업계〈業界〉 名
教科書 교과서〈教科書〉 名
教室 교실〈敎室〉 名, ～教室(公教育以外の) 학원〈學院〉 名
教授 교수〈教授〉 名, 교수님〈敎授-〉(大学の先生に対する尊称)
教職 교직〈敎職〉 名
兄弟 형제〈兄弟〉 名
共通 공통〈共通〉 名
曲 곡〈曲〉 名
去年 작년〈昨年〉 名
(～を)嫌う, (～が)嫌いだ (～를/을)싫어하다[시러-] 動, (～가/이)싫다[실타] 形
切らす(なくなる) 떨어지다 動
着る 입다 動
切る 자르다 르動 ☞p.125
きれいだ ①(女性・服飾などに対して)예쁘다 形, ②(汚れがなく)깨끗하다 形, ③(きめ細かい)곱다 ㅂ形 ☞p.105
近所 근처〈近處〉 名
キンパプ(のり巻) 김밥[-빱] 名
金曜日 금요일〈金曜日〉 名

9月 구월〈九月〉名	講義 강의〈講義〉名
果物 과일 名	航空会社 항공사〈航空社〉名
クッキー 쿠키〈cookie〉名	高校 고등학교〈高等學校〉名
クッパ 국밥 名	高校生 고등학생〈高等學生〉名
雲 구름 名	紅茶 홍차〈紅茶〉名
グラウンド 운동장〈運動場〉名	交通 교통〈交通〉名
暮らす 살다 動	交通手段 교통 수단〈交通 手段〉名
来る 오다 動	後輩 후배〈後輩〉名
車 차〈車〉名	公務員 공무원〈公務員〉名
くれる 주다 動	交流 교류〈交流〉名
黒 까만색〈--色〉名	コーヒー 커피〈coffee〉名
経験 경험〈經驗〉名	コーヒーショップ 커피숍〈coffeeshop〉名
警察官 경찰관〈警察官〉名	コーラ 콜라〈cola〉名
芸術家 예술가〈藝術家〉名	語学研修 어학연수〈語學研修〉[-항년-] 名
携帯ストラップ 핸드폰 줄〈hand phone →〉名	5月 오월〈五月〉名
携帯電話 핸드폰〈hand phone〉名	故郷 고향〈故鄕〉名
芸能人 연예인〈演藝人〉名	国際 국제〈國際〉名
経理学校 경리학원〈經理學院〉[-니-] 名	国際交流 국제교류〈國際交流〉名
K 케이 al	ここ 여기 代名
ケーキ 케이크〈cake〉名	午後 오후〈午後〉名
KTX(韓国高速鉄道) 케이티엑스〈KTX〉名	ココア 코코아〈cocoa〉名
K-POP 한국 가요〈韓國 歌謠〉名, 케이팝〈K·POP〉名	九つ 아홉 固数 ☞p.51
ゲーム 게임〈game〉名	五十 오십〈五十〉漢数, 쉰 固数 ☞p.51
今朝 오늘 아침 名	答え 답〈答〉名
化粧品 화장품〈化粧品〉名	こと 것 依名, 일 名
ケチャップ 케첩〈ketchup〉名	言葉 말 名
結婚 결혼〈結婚〉[겨론] 名	子供 아이 名
月曜日 월요일〈月曜日〉名	この~ 이~ 連体
-けれど{逆接} -지만 尾 ☞p.68	この子 애(←이 아이) 代名
見学する 구경하다〈求景→〉動	この人 이 사람 代名
ケンカする 싸우다 動	このへん(この近く) 이 근처〈近處〉句
元気 힘 名	このへんで(→やめる、帰る) 이만 副 ☞p.viii
研究 연구〈研究〉名	(~を)好む (~를/을)좋아하다[조아--] 動 ☞p.82
研究室 연구실〈研究室〉名	このように 이렇게[-러케] 副
建設会社 건설회사〈建設會社〉名	ご飯 밥 名
建築家 건축가〈建築家〉名	コピーする 복사하다〈複寫→〉動
見物する 구경하다〈求景→〉動	ご無事で 안녕히〈安寧→〉副
~個〔漢数+〕개〈個〉単名	ゴボウ 우엉 名
5 오〈五〉漢数 다섯 固数 ☞p.51	ゴマ 깨 名
小犬 강아지 名	ごめんなさい。 미안해요. 句 ☞p.23
後悔 후회〈後悔〉名	ゴルフ 골프〈golf〉名 ; …をする : …를/을 치다
郊外 교외〈郊外〉名	これ 이것 代名

怖い 무섭다 ㅂ形 ☞p.107
今後 앞으로 副
コンサート 콘서트〈concert〉名
こんにちは。 안녕하세요?, 안녕하십니까? 句 ☞p.2
コンビニエンスストア 편의점〈便宜店〉[펴니-] 名
コンピュータ 컴퓨터〈computer〉名

さ

サークル 동아리 名
サービス 서비스〈service〉名
〜歳〔固数＋〕살 単名 ☞p.51
最近 요즘 名 副
最後 마지막 名
最初 처음 名
在日韓国人 재일 교포〈在日 僑胞〉名
財布 지갑〈紙匣〉名
探す 찾다 動
魚 ①(食材としての魚)생선〈生鮮〉名 ②(生物としての魚)물고기 名
酒 술 名
サッカー 축구〈蹴球〉名
サッカー場 축구장〈蹴球場〉名
さっき 아까 副
雑誌 잡지〈雜誌〉名
様々だ 다양하다〈多様-〉形
寒い 춥다 ㅂ形 ☞p.107
サンギョプサル(豚バラ肉の焼き肉) 삼겹살 ②〈三--〉名
サムゲタン(高麗人参と若鶏のまる煮) 삼계탕〈蔘鷄湯〉名
さようなら。 (去る人に)안녕히 가세요. (居残る人に)안녕히 계세요. 句 ☞p.7
皿 접시 名
爽やかだ 시원하다[-워나-] 形
〜さん 〜 씨〈氏〉依名
3 삼〈三〉漢数, 세 〜 固数 ☞p.51
3月 삼월〈三月〉名
三十 삼십〈三十〉漢数, 서른 固数 ☞p.51
3年生 삼학년〈三學年〉[사망-] 名
残念だ 아쉽다 ㅂ形 ☞p.107

C 시 ⓐ
G 지 ⓐ
〜時〔固数＋〕〜 시〈時〉単名 ☞p.120
(する)し〔並列〕-고 尾 ☞p.67
CD 시디〈CD〉名
J 제이 ⓐ
自衛官、自衛隊員 자위관〈自衛官〉名
自営業 자영업〈自營業〉名
自然 자연〈自然〉名
塩 소금 名
塩辛い 짜다 形
〜しか(→否定) 〜밖에 助 ☞p.101
資格証 자격증〈資格證〉[-쯩] 名
4月 사월〈四月〉名
自家用車 자가용〈自家用〉名
時間 시간〈時間〉名
試験 시험〈試驗〉名
仕事 일 名
事実 사실〈事實〉名
静かだ 조용하다 形
施設 시설〈施設〉名
下 밑 名, 아래 名
親しい 친하다〈親-〉[치나-] 形
7月 칠월〈七月〉名
室内 실내〈室內〉[-래] 名
実は 사실은〈事實-〉副
自転車 자전거〈自轉車〉名
自動車学校 운전학원〈運轉學院〉名
市内 시내〈市內〉名
写真 사진〈寫眞〉名
ジャズ 재즈〈jazz〉名
10 십〈十〉漢数 열 固数 ☞p.51
10月 시월〈十月〉名
11月 십일월〈十一月〉名
就職 취업〈就業〉名, 취직〈就職〉名
就職活動 취업 활동〈就業 活動〉[-어쌀똥] 名
就職する 취직하다〈就職-〉[-지카-] 動
就職率 취업률〈就業率〉[-엄뉼] 名
ジュース 주스〈juice〉名
12月 십이월〈十二月〉名
十分に 충분히〈充分〉副
週末 주말〈週末〉名
10万ウォン 십만 원〈十万〉[심--] 名

授業 수업〈授業〉名
塾 학원〈學院〉名
宿題 숙제〈宿題〉名
手段 수단〈手段〉名
出席 출석〈出席〉[-썩] 名
出発する 출발하다〈出發-〉[-바라-] 動
出版社 출판사〈出版社〉名
主婦 주부〈主婦〉名
趣味 취미〈趣味〉名
種類 종류〈種類〉[-뉴] 名
準備 준비〈準備〉名
小学校 초등학교〈初等學校〉名
商社 상사〈商社〉名
上手だ 잘 하다 [자라-] 動
上手に 잘 副
小説 소설〈小說〉名
消防官 소방관〈消防官〉名
醤油 간장〈醬-〉名
将来 앞으로 副
職業 직업〈職業〉名
食事する 식사하다〈食事--〉動
食堂 식당〈食堂〉名
所持品 소지품〈所持品〉名
女性 여자〈女子〉名
しょっちゅう 자주 副
ショッピング 쇼핑〈shopping〉名
新羅 신라〈新羅〉[실-] 名
知らせる 알리다 動
知らない 모르다 르動
知り合い 아는 사람 句
資料 자료〈資料〉名
汁 국물[궁-] 名
知る 알다 動
白 하얀 색[-ㅅ색] 名
白い 희다[히-] 形
親切だ 친절하다〈親切--〉[-저라-] 形
しんどい 힘들다 形
新聞 신문〈新聞〉名
新聞社 신문사〈新聞社〉名
真理 진리〈眞理〉[질-] 名
水準 수준〈水準〉名
水曜日 수요일〈水曜日〉名
数日 며칠 名

スーパー ①(日用品店)마트〈mart〉名 ②(超〜)슈퍼〜〈super〉名
スープ 국 名, 국물〈궁-〉名
末っ子 막내[망-] 名
スカート 치마 名
スキー 스키〈ski〉名 ; …をする : …를/을 타다
(〜が)好きだ (〜를/을)좋아하다[조아-] 動 ☞p.82
好きな〜 좋아하는 〜 句 ☞p.52
少ない 적다 形
スケート 스케이트〈skate〉名 ; …をする : …를/을 타다
すごい ①(珍しい)신기하다〈新奇--〉形 ②(大したものだ)대단하다 形
すごく 너무 副, 너무너무 副
スター 스타〈star〉名
スッキリする 시원하다[-워나-] 形
ずっと ①(継続して)계속〈繼續〉副 ②(比較対象に比べ)훨씬 副
素敵だ 멋있다 存, 예쁘다 形
素直だ 순하다〈順--〉[수나-] 形
素晴らしい 훌륭하다 形
スプーン 숟가락 名
すべて 다 副
スポーツ 스포츠〈sports〉名, 운동〈運動〉名
ズボン 바지 名 ; …を履く : …를/을 입다
住む 살다 動
する ①하다 動 ②(におい・味が)나다 動 ③(卓球・テニス・ゴルフ・ボーリングを)치다 動 ④(スキー・スケートを)타다 動
(する)こと -는 것 句
スンドゥブチゲ(豆腐のピリ辛煮込み) 순두부찌개〈純豆腐--〉名
背 키 名 ; …が高い・低い : …가/이 크다・작다
生活 생활〈生活〉名
誠心誠意 정성껏〈精誠-〉副
成績 성적〈成績〉名
製造業 제조업체〈製造業體〉
(〜の)せいで (〜)때문에 句
セーター 스웨터〈sweater〉名
せーの! 시작!, 하나 둘 셋! 句
世界 세계〈世界〉名
セジョン 세종〈世宗〉人 ; 朝鮮王朝4代目の王

でハングルの創製者
Z　제트 圖
ゼロ　공 〈空〉 漢数 ☞ p.51
千　천 〈千〉 漢数 ☞ p.51
選手　선수 〈選手〉 名
先週　지난주 〈--週〉 名
先生　선생님 〈先生-〉 名, 교수님 〈敎授-〉（大学の先生に対する尊称） 名
センター　센터 〈center〉 名
洗濯　빨래 名
先輩　선배 〈先輩〉 名, 형 〈兄〉（男性が年上の男性に） 名, 오빠（女性が年上の男性に）, 언니（女性が年上の女性に） 名, 누나（男性が年上の女性に） 名 ☞ p.40
全部　다 副
ゾウ　코끼리 名
総合大学　종합대학 〈綜合大學〉 名
そうです。그렇습니다. 句
ソウル　서울 地
促進する　촉진시키다 〈促進-〉 動
そして　그리고 接
卒業　졸업 〈卒業〉 名
卒業する　졸업하다 〈卒業-〉[조러파--] 動
外　밖 名
その～　그～ 連体
その時　그때 名
祖父　할아버지 名, 외할아버지 〈外----〉（母方の祖父） 名 ☞ p.41
ソフトだ　부드럽다 ㅂ形 ☞ p.107
祖母　할머니 名, 외할머니 〈外---〉（母方の祖母） 名 ☞ p.41
空　하늘 名
それ　그것 代名
それで　그래서 副
そんなことありません。아니에요. 句 ☞ p.17

た

(し)たい{希望}　-고 싶다 形 ☞ p.111
体育館　체육관 〈體育館〉 名
大学　대학교 〈大學校〉 名, 대학 〈大學〉 名
大学祭　대학 축제 〈大學祝祭〉 名
大学生　대학생 〈大學生〉 名

大丈夫だ　괜찮다[-찬타] 形
大丈夫です　괜찮아요[-차나-] 句 ☞ p.23
台所　부엌 名
代表　대표 〈代表〉 名
大変だ　힘들다 形
大変な目に遭う　혼나다 〈魂-〉 動
太陽　해 名
高い　①(値段が)비싸다 形　②(背が)크다 形　③높다 形
だから　그래서 副
たくさん　많이[마니] 副
タクシー　택시 〈taxi〉 名
～だけ　～만 助 ☞ p.76
出す　내다 動
助ける　돕다 ㅂ動 ☞ p.107
～たち　～들 辞
立つ　서다 動, 일어나다 動
卓球　탁구 〈卓球〉 名 ; …をする：…를/을 치다
建物　건물 〈建物〉 名
楽しい　즐겁다 ㅂ形 ☞ p.107, 재미있다 存
(し)たので{原因}　-아서/어서/여서 尾 ☞ p.106
W　더블유[떠-류] 圖
食べ物　음식 〈飮食〉 名
食べる　먹다 動
食べること　먹는 것[멍는 -] 名
卵　계란 〈鷄卵〉 名
多様だ　다양하다 〈多樣-〉 形
(し)たら{条件}　-면/으면 尾 ☞ p.114
足りない　부족하다 〈不足-〉[-조카-] 形
誰　누구 代名
単語　단어 〈單語〉 名
単語帳　단어장 〈單語帳〉[--짱] 名
ダンサー　댄서 〈dancer〉 名
誕生日　생일 〈生日〉 名
男性　남자 〈男子〉 名
ダンス　댄스 〈dance〉 名
血　피 名
小さい　작다 形
チーム　팀 〈team〉 名
知恵　지혜 〈智慧〉[-에] 名
地下　지하 〈地下〉 名
近い　가깝다 ㅂ形 ☞ p.107
違います。아니에요. 句 ☞ p.17

違う 아니다 [指]	Tシャツ 티셔츠〈T-shirt〉[名]
近く 근처〈近處〉[名]	定食 정식〈定食〉[名]
地下鉄 지하철〈地下鐵〉[名]	ティッシュ 휴지〈休紙〉[名]
力 힘 [名]	程度 정도〈程度〉[名]
チキンカレー 치킨카레〈chicken curry〉[名]	(し)ている{進行} -고 있다 [存] ☞p.112
チゲ鍋 찌개 [名]	できない 못하다[모타-] [動]
遅刻する 지각하다[-가카-] [動]	―できない{不可能} 못 ― [副] ☞p.105
地図 지도〈地圖〉[名]	デザイナー 디자이너〈designer〉[名]
父 아버지 [名]	〜でした 〜였습니다/이었습니다 [句] ☞p.90
チヂミ 부침개 [名]	-です -ㅂ니다/습니다 [尾] ☞p.65
チャプチェ(春雨野菜炒め) 잡채〈雑菜〉[名]	〜です 〜입니다 [句] ☞p.45
〜中(チュウ) 〜 중〈中〉[名]	〜ですか 〜입니까? [句] ☞p.45
中央 중앙〈中央〉[名]	鉄道会社 철도회사〈鐵道會社〉[-또--] [名]
中学生 중학생〈中學生〉[名]	出て行く 나가다 [動]
中学校 중학교〈中學校〉[名]	出て来る 나오다 [動]
中国 중국〈中國〉[名]	テニス 테니스〈tennis〉[名]
中国人 중국 사람〈中國 -->〉	では 그럼 [接]
昼食 점심〈點心〉[名]	〜ではない 〜 아니다 [指]
注文する 주문하다〈注文-->〉 [動]	でも 그런데 [接], 하지만 [接]
朝鮮族 조선족〈朝鮮族〉[名]	出る ①나다 [動] ②나가다 [動]
チョゴリ 저고리 [名]	テレビ 텔레비전〈television〉[名]
チョコレート 초콜릿〈chocolate〉[名]	テレビ番組 티브이프로〈TV pro〉[名]
ちょっと 좀 [副]	〜点 〜 점〈點〉[単名]
ちり紙 휴지〈休紙〉[名]	天気 날씨 [名]
〜つ〔固数+〕개〈個〉[単名]	電子辞書 전자 사전〈電子辭典〉[名]
(〜に)ついて (〜에) 대해 [句]	電車 전철〈電鐵〉[名]
通訳ガイド 통역안내원〈通譯案内員〉[名]	伝統 전통〈傳統〉
使う 쓰다 [動]	伝統的だ 전통적이다〈傳統的-->〉 [指]
疲れている 피곤하다〈疲梱-->〉[-고나-] [形]	電話 전화〈電話〉[저놔] [名]
月 달 [名]	〜と 〜와/과 [助] ☞p.81
机 책상〈冊床〉[名]	〜といいます 〜라고/이라고 합니다 [句] ☞p.47
作る 만들다 [動]	〜と一緒に 〜와/과 같이[가치] [句]
つまらない 재미없다[--업-] [存]	唐辛子 고추 [名]
冷たい 차다 [形], 차갑다 [ㅂ形] ☞p.107	当選する 당첨되다〈當籤-->〉 [動]
強い 세다 [形]	豆腐 두부〈豆腐〉[名]
手 손 [名]	道路 도로〈道路〉[名]
(し)て ①-고{並列} [尾] ☞p.67 ②-여서/아서/어서{理由・先行動作} [尾] ☞p.106	十(とお) 열〈漢数〉☞p.51
〜で ①〜로/으로{手段・方法} [助] ☞p.75 ②〜에서{場所} [助] ☞p.74	遠い 멀다 [形]
	時 때 [名]
〜である 〜이다 [指]	解く 풀다 [動]
T 티 [a]	読書 독서〈讀書〉[名]
D 디 [a]	

特に 특히〈特-〉[트키] 副
時計 시계〈時計〉[-게] 名
どこ 어디 代名
ところ 곳 名
ところで 그런데 副
歳(年齢) 나이 名
都市 도시〈都市〉名
図書館 도서관〈圖書館〉名
途中 도중〈途中〉名
途中で 도중에〈途中-〉副
トック (餅スープ) 떡국 名
どちら、どっち 어느쪽 代名
トッポッキ (ピリ辛餅炒め) 떡볶이 名
とても 참 副, 정말 副, 많이 副, 너무 副
整っている(施設・制度などが) 잘 돼 있다 存
隣 옆 名
トマト 토마토〈tomato〉名
止まる 서다 動
〜と申します 〜라고/이라고 합니다 句 ☞p.47
友だち 친구〈親舊〉名
土曜日 토요일〈土曜日〉名
ドライブ 드라이브〈drive〉名
ドラマ 드라마〈drama〉名
鳥 새 名
(手に)取る 가지다 動
(資格・点を)取る 따다 動
(写真を)撮る 찍다 動
豚骨スープ 돼지곰탕〈---湯〉名

な

(し)ない、(く)ない ①-지 않다[-안타] 動・形
　☞p.83　②안 — 副 {否定} ☞ p.100
ない 없다[업따] 存
ナイフ 나이프〈knife〉名
仲 사이 名
中 안 名, 속 名, 중 依名
長い 길다 形
長く(長時間) 오래 副
流れる 흐르다 르動
なくなる(蓄えなどが) 떨어지다 動

なぜ 왜 名
夏 여름 名
夏休み 여름방학 [--빵-] 名
7 칠〈七〉漢数 일곱 固数 ☞p.51
七十 칠십〈七十〉漢数 일흔[이른] 固数 ☞p.51
七つ 일곱 固数 ☞p.51
何 무엇 代名
名前 이름 名
ナムル(野菜の和え物) 나물 名
習う 배우다 動
(〜に)なる (〜가/이)되다 動
何(なん)〜 ①{数を尋ねる} 몇〜 連体 ②{種類
　を尋ねる} 무슨〜 連体
何月 몇 월〈-月〉[며뒬] 名
何日 며칠 名
何年 몇 년〈-年〉[면-] 名
何年生まれ 몇 년생〈-年生〉[면--] 名 ☞p.51
何年生 몇 학년〈-學年〉[머탕-] 名 ☞p.45
何の〜 {種類を尋ねる} 무슨 〜 連体
何の〜(も+否定) 아무 〜 〔도+否定〕 連体
何曜日 무슨 요일〈-曜日〉[--뇨-] 名
2 이〈二〉漢数 두 〜 固数 ☞p51
(し)に行く・来る -러/으러(가다・오다) {行き来の
　目的} 尾 ☞p.92
〜に 〜에 助 ☞p.59
〜に行く(旅行・買い物・研修) 〜를/을 가다 動
〜に会う 〜를/을 만나다 動
〜に関する〜 〜에 관한 〜 [과난] 句
〜について 〜에 대해 句
〜になる 〜가/이 되다 動 ☞p.113
〜に乗る 〜를/을 타다 動
におい 냄새 名
2回 두 번〈-番〉名
苦(にが)い 쓰다 形
2月 이월〈二月〉名
肉 고기 名
二十 이십〈二十〉漢数 스물 固数 ☞p.51
二十の〜 스무〜 固数 ☞p.51
〜日〔漢数+〕 일〈日〉単名 ☞p.39
日曜日 일요일〈日曜日〉名
日韓 ①(日本と韓国) 한일〈韓日〉名 ②(辞典
　などで) 일한〈日韓〉名

2度 두 번〈-番〉名
2年生 이학년〈二學年〉[-항-] 名
日本 일본〈日本〉地
日本語 일본말〈日本-〉名, 일본어〈日本語〉名
日本人 일본 사람〈日本 --〉名
荷物 짐 名
入学 입학〈入學〉[이팍] 名
ニュース 뉴스〈news〉名
入浴 목욕〈沐浴〉名
~人〔固数+〕명〈名〉単名 ☞p.57
~人家族〔固数+〕식구〈食口〉名
人気 인기〈人氣〉[-끼] 名
人形 인형〈人形〉[이녕] 名
ニンジン 당근 名
願い 소망〈所望〉名, 소원〈所願〉名
ネギ 파 名
ネコ 고양이 名
値段 가격〈価格〉名, 값[갑] 名
ネックレス 목걸이 動
眠い 졸리다 動
寝る 자다 動
~年〔漢数+〕년〈年〉単名 ☞p.51
~年生まれ〔漢数+〕년생〈年生〉単名 ☞p.51
~年度入学〔漢数+〕학번〈學番〉単名 ☞p.51
年齢 나이 名
~の ~의[에] 助 ☞p.113
ノート 노트〈note〉名
残る 남다[-따] 動
望み 소망〈所望〉名
(した)ので{原因} -아서/어서/여서 尾 ☞p.106
飲み物 음료〈飲料〉[-뇨] 名
飲む 마시다 動
~のようだ ~ 같다 形
海苔 김 名
のり巻 김밥[-빱] 名
(~に)乗る (~를/을) 타다 動

は

~は{主題} ~는/은 助 ☞p.46
場合 경우〈境遇〉名
パーティー 파티〈party〉名
はい 네 間

~杯〔固数+〕잔〈盞〉単名
バイク 오토바이 名
入ってくる 들어오다 動
売店 매점〈賣店〉名
パイナップル 파인애플〈pineapple〉名
バイバイ 안녕! 間 잘 가. 句 ☞p.2
俳優 배우〈俳優〉名
~泊〔漢数+〕박〈泊〉単名
履く ①(靴・靴下を)신다 動 ②(ズボン・スカートを)입다 動
ハサミ 가위 名
箸 젓가락 名
始まる 시작되다〈始作--〉動
初めて 처음 名 副
始めます。시작하겠습니다. 句
始める 시작하다〈始作-〉[-자카-] 動
場所 장소〈場所〉名
バス 버스〈bus〉名
恥ずかしい 창피하다〈猖披--〉形
バスケットボール 농구〈籠球〉名
肌 피부〈皮膚〉名
二十(はたち) 스물 固数 ☞p.51
働く 일하다[이라-] 動
8 팔〈八〉漢数 여덟[-덜] 固数 ☞p.51
8月 팔월〈八月〉名
八十 팔십〈八十〉漢数 여든 固数 ☞p.51
発音 발음〈發音〉名
発見 발견〈發見〉名
パッピンス(氷あずき, かき氷) 팥빙수〈-氷水〉名
花 꽃 名
鼻 코 名
話す 이야기하다 動
バナナ 바나나〈banana〉名
華やかだ 화려하다〈華麗-〉形
母 어머니 名
パパ 아빠 名
はやく ①(時間的に)早く 일찍 副 ②(動作的に)速く 빨리 副
春 봄 名
はるかに(比較対象に比べ) 훨씬 副
バレーボール 배구〈排球〉名
半 반〈半〉名
~番〔漢数+〕번〈番〉単名

晩 저녁 名
パン 빵 名
ハンカチ 손수건〈手巾〉名
番組 프로〈pro〉名 티브이프로〈TV pro〉名
ハングル 한글 名
ハングルの日 한글날[--랄] 名 ; 毎年10月9日
ハンバーガー 햄버거〈hamburger〉名
半分 반〈半〉名
日 날 名
B 비〈삐〉a
P 피 a
ビール 맥주〈麥酒〉名
〜匹〔固数＋〕마리 単名 ☞ p.57
(ギター・ピアノを)弾く 치다 動
低い ①(키가) 작다(背が低い) 形 ②낮다 形
飛行機 비행기〈飛行機〉名
ピザ 피자〈pizza〉名
久しぶり 오래간만 名
美術館 미술관〈美術館〉名
{否定} -지 않다[-안타] 動 形 ☞ p.83, 안- 副
   ☞ p.100
ビデオ 비디오〈video〉名
人 사람 名
一つ 하나 固数 ☞ p.51
一つの〜 한〜 固数 ☞ p.51
一つも(→否定) 하나도 副
一人で 혼자 副
ビビンバ 비빔밥[--빱] 名
皮膚 피부〈皮膚〉名
暇だ 한가하다〈閑暇-〉形
秘密 비밀〈秘密〉名
百 백〈百〉漢数 ☞ p.51
昼 낮 名
昼ご飯 점심〈點心〉名
昼休み 점심시간〈點心時間〉名
V 브이 a
〜部 〜부〈部〉辞
フェリー 훼리〈ferry〉名
{不可能} 못 副 ☞ p.105
服 옷 名
膨れる 부르다 르変
釜山 부산〈釜山〉地
不足している 부족하다〈不足-〉[-조카-] 形

ブタ 돼지 名
二つ 둘 固数 ☞ p.51
筆箱 필통〈筆筒〉名
船 배 名
不便だ 불편하다〈不便--〉形
冬 겨울 名
(雨が・雪が)降る (비가・눈이)오다 動
古い 오래됐다 句
ふるさと 고향〈故郷〉名
プレゼント 선물〈膳物〉名
プロ 프로〈pro〉
プログラマー 프로그래머〈programmer〉名
〜分〔漢数＋〕분〈分〉単名
雰囲気 분위기〈雰圍氣〉名
文化 문화〈文化〉[무놔] 名
ペット 애완동물〈愛玩動物〉名
部屋 방〈房〉名
勉強 공부〈工夫〉名
勉強する 공부하다〈工夫--〉動
変だ 이상하다〈異常-〉形
弁当 도시락 名
便利だ 편리하다〈便利--〉[펼---] 形
保育園 보육원〈保育園〉名
貿易 무역〈貿易〉名
放送会社 방송사〈放送社〉名
方法 방법〈方法〉名
ホウレンソウ 시금치 名
ボーイフレンド 남자친구〈男子親舊〉名
ホームページ 홈페이지〈homepage〉名
ボーリング 볼링〈bowling〉名
ボールペン 볼펜〈ball pen〉名
ほかに 또 副
ほかの〜 다른〜 連体
僕 나 代名
星 별 名
ホットク(黒蜜入り焼き餅) 호떡〈胡-〉名
ホットドッグ 핫도그〈hot dog〉名
ホテル 호텔〈hotel〉名
保母・保父 보육원 선생님〈保育園 先生-〉名
ボランティア 자원봉사〈自願奉仕〉名
本 책〈冊〉名
〜本(瓶の数)〔固数＋〕병〈瓶〉単名
本当 정말〈正-〉名

本当に 정말〈正-〉 副, 참 副

ま

マイカー 자가용〈自家用〉 名
毎週 매주〈毎週〉 名 副
毎月 매월〈毎月〉 名 副
毎年 매년〈毎年〉 名 副
毎日 매일〈毎日〉 名 副
前 앞 名
真心を込めて 정성껏〈精誠-〉 副
(し)ます -ㅂ니다/습니다 尾 ☞p.65
まず 먼저 副
また 또 副
まだ 아직 副
待つ 기다리다 動
〜まで 〜까지 助 ☞p.97
窓 창문〈窓門〉 名
マネージャー 매니저〈manager〉 名
周り 주변〈周邊〉 名
万 만〈萬〉 漢数 ☞p.65
漫画 만화〈漫畫〉[마놔] 名, 만화책〈漫畫冊〉 名
漫画家 만화가〈漫畫家〉[마놔-] 名
マンション 아파트〈apart〉 名
満で 만으로〈滿--〉 句 ☞p.50
見える 보이다 動
短い 짧다[짤따] 形
身近な〜 주변〜〈周邊〉 句
水 물 名
味噌 된장〈-醬〉 名
見た目 보기 名
見つける 발견하다〈發見--〉 動
三つ 셋 固数 ☞p.51
三つの〜 세 〜 固数 ☞p.51
見てください。 보세요. 句
耳 귀 名
未来 미래〈未來〉 名
魅力的だ 매력적이다〈魅力的--〉 指
見る 보다 動
見ること 보는 것 名
みんな 다 副

難しい 어렵다 ㅂ形 ☞p.107
六つ 여섯 固数 ☞p.51
無理 무리〈無理〉 名
目 눈 名
メーカー 제조업체〈製造業體〉 名
メール 메일〈mail〉 名
メールアドレス 메일 주소〈mail 住所〉 名
メニュー 메뉴 名
〜も{追加} 〜도 助 ☞p.60
もう 벌써 副
もう一度 다시 副
申し訳ありません。 죄송합니다.〈罪悚--〉 句 ☞p.23
目標 목표〈目標〉 名
木曜日 목요일〈木曜日〉 名
持ち物 소지품〈所持品〉 名
持つ 가지다 動
もっと 더 副
もの ①물건〈物件〉 名 ②(〜の)もの 것 依名
ものすごく 너무너무 副
もらう 받다 動
問題 문제〈問題〉 名

や

焼肉 고기 名
野球 야구〈野球〉 名
約束 약속〈約束〉 名
役に立つ 도움이 되다 動
役割 역할〈役割〉[여칼] 名
野菜 야채〈野菜〉 名
易しい 쉽다 ㅂ形 ☞p.107
優しい 친절하다〈親切--〉[-저라-] 形
安い 싸다 形
休みだ 놀다 動
休む 쉬다 動
八つ 여덟[-덜] 固数 ☞p.51
山 산〈山〉 名
柔らかい 부드럽다 ㅂ形 ☞p.107
U 유 @
遊園地 놀이공원〈-公園〉 名

優勝 우승〈優勝〉 名
友人 친구〈親舊〉 名
昨夜 어젯밤 名
有名だ 유명하다〈有名--〉 形
雪 눈 名
ゆったりしている 느긋하다[-그타-] 形
指輪 반지〈半指〉 名
夢 꿈 名
良い 좋다[조타] 形
用事 일 名
(〜の)ようだ (〜) 같다 形
幼稚園 유치원〈幼稚園〉 名
よく ①잘(うまく) 副 ②자주(頻繁に) 副
横 옆 名
四つ 넷 固数 ☞p.51
四つの〜 네〜 固数 ☞p.51
予定 예정〈豫定〉 名
4年生 사학년〈四學年〉[-항-] 名
呼ぶ 부르다 르動
読む ①읽다[익따](声に出して, 内容を吟味しつつ) 動 ②보다(漫画・雑誌・新聞などを) 動
余裕 여유〈餘裕〉 名
より 더 副 ☞p.84
〜より 〜보다 助 ☞p.84
夜 밤 名
よろしく 잘 副
弱い 약하다〈弱--〉 形
4 사〈四〉 漢数, 네〜 固数 ☞p.51
四十 사십〈四十〉 漢数, 마흔 固数 ☞p.51

ら

ラーメン ①라면(インスタントラーメン) 名 ②라멘(日本式の生ラーメン) 名
来週 다음 주〈--週〉[--쭈] 名
-られない{不可能} 못- 副 ☞p.105
立派だ 훌륭하다 形
留学する 유학 가다〈留學 --〉 動
留学生 유학생〈留學生〉 名
流通業界 유통업계〈流通業界〉 名
寮 기숙사〈寄宿舍〉 名

両親 부모님〈父母〉 名
料理 음식〈飲食〉 名, 요리〈料理〉 名
旅行 여행〈旅行〉 名
旅行に行く 여행 가다〈旅行--〉 動
旅行社 여행사〈旅行社〉 名
冷蔵庫 냉장고〈冷藏庫〉 名
冷麺 냉면〈冷麵〉 名
歴史 역사〈歷史〉 名
レストラン 레스토랑〈restaurant〉 名
(す)れば, (け)れば{条件} -면/으면 尾 ☞p.114
{連体形} ①〔動詞・存在詞+〕-는 尾 ☞p.98
　②〔形容詞・指定詞+〕-ㄴ/은 尾 ☞p.99
連絡 연락〈連絡〉[열] 名
連絡する 연락하다〈連絡--〉[열라카-] 動
6 육〈六〉 漢数 여섯 固数 ☞p.51
6月 유월〈六月〉 名
六十 육십〈六十〉 漢数, 예순 固数 ☞p.51
ロマンチックだ 로맨틱하다 形

わ

Y 와이 @
若い 젊다[점따] 形
分からない 모르다 르動 ☞p.125
分かる 알다 動
私 저(目上の人の前で) 代名, 나(同年輩か年下の人の前で) 代名
私が 제가(目上の人の前で) 句, 내가(同年輩か年下の人の前で) 句
私たち, 我々 우리 代名
私たちの家 우리 집 名
私の〜 제〜(目上の人の前で) 連体, 내〜(同年輩か年下の人の前で) 連体
ワンちゃん 강아지 名
ワンツースリー! 하나 둘 셋! 句
〜を 〜를/을 助 ☞p.73

長谷川由起子(はせがわ　ゆきこ)
大阪外国語大学朝鮮語学科卒業、同大学院修士課程修了。
元・九州産業大学教授。元・朝鮮語教育学会会長。
主な著書に『韓国語スタート!』(アルク；台湾でも翻訳出版される)、『コミュニケーション韓国語　読んで書こうⅡ』『コミュニケーション韓国語　聞いて話そうⅠ』『コミュニケーション韓国語　聞いて話そうⅡ』(白帝社；本書姉妹図書)があるほか、NHKラジオ「まいにちハングル講座」講師(2010年10月～2011年3月)を務めた。

コミュニケーション韓国語　読んで書こうⅠ[改訂版]

2013 年　4 月 25 日　　初版発行
2025 年　9 月 10 日　　9 刷発行

著　　者　　長谷川由起子
発行者　　佐藤和幸
発行所　　株式会社　白帝社
　　　　　〒171-0014 東京都豊島区池袋 2-65-1
　　　　　電話 03-3986-3271　FAX 03-3986-3272
　　　　　https://www.hakuteisha.co.jp
組版　　世正企劃
印刷　　平文社　　製本　　ティーケー出版印刷

表紙デザイン　　シンプルデザイン
本文イラスト　　中田真理子

Printed in Japan〈検印省略〉　　　ISBN978-4-86398-124-9

＊定価は表紙に表示してあります。
＊本書は著作権法で保護されています。
　無断で複製(写真撮影、コピー、スキャンを含む)することは禁止されています。